生活因阅读而精彩

生活因阅读而精彩

没有伞的孩子必须努力奔跑

受益终生的积极心态培养书

家　嘉◎著

中國華僑出版社

图书在版编目(CIP)数据

没有伞的孩子必须努力奔跑：受益终生的积极心态培养书 / 家嘉著.—北京：中国华侨出版社，2014.1

ISBN 978-7-5113-4391-8

Ⅰ. ①没… Ⅱ. ①家… Ⅲ. ①青少年教育-家庭教育 Ⅳ. ①G78

中国版本图书馆 CIP 数据核字(2014)第015132号

没有伞的孩子必须努力奔跑：受益终生的积极心态培养书

著　　者 / 家　嘉
责任编辑 / 文　筝
责任校对 / 志　刚
经　　销 / 新华书店
开　　本 / 787 毫米×1092 毫米　1/16　印张/18　字数/268 千字
印　　刷 / 北京军迪印刷有限责任公司
版　　次 / 2014 年 3 月第 1 版　2020 年 5 月第 2 次印刷
书　　号 / ISBN 978-7-5113-4391-8
定　　价 / 48.00 元

中国华侨出版社　北京市朝阳区静安里 26 号通成达大厦 3 层　邮编：100028

法律顾问：陈鹰律师事务所

编辑部：(010)64443056　64443979

发行部：(010)64443051　传真：(010)64439708

网址：www.oveaschin.com

E-mail：oveaschin@sina.com

前言

PREFACE

有这样一个故事：

有两个人在街上闲逛，突然天空下起了大雨，其中一个路人甲拔腿就跑，而路人乙却不为所动，还是坚持原来的步调。路人甲很是好奇地问："你为什么不跑呢？"他回答说："为什么要跑，难道前面就没有雨了吗？既然都是在雨中，我又为什么要浪费力气去跑呢？"路人甲哑口无言。

故事中的路人甲和路人乙在面对相同境遇时完全是截然不同的两种心态，一个人在瓢泼大雨中努力奔跑，另一个却是淡定如初。虽然跑与不跑，都在雨中，但是心态不同、过程不同，结果自然也会不同。

"努力奔跑"，意味着一种积极的心态，有了这种心态，能让人在面对困境时没有犹豫，没有抱怨，积极面对，迎接挑战，主动争取，勇往直前；"无动于衷"，意味着一种消极的心态，在困难来临时，消极被动，逆来顺受，懦弱畏惧，不思进取。无论现实状况如何，要想得到比别人更好的结果，就要积极主动地为自己创造机遇，迎难而上，在机遇到来时一显身手，夺取成功的大旗。

大多数人都来自于平凡普通的家庭，一切机会都要由自己去创造、争取，要成就一番事业，必须要有一个良好的心态，勇于承受人生中的风风雨雨，只有如此，才能冲破阴霾，迎来黎明。

“你今天得到的生活和成就，就是你昨天努力的结果；你明天想要的生活和成就，今天的努力和进取就是它们的决定因素。”不管自己目前的人生状况如何，你都不能怨天尤人，不能抱怨生活，不能埋怨社会，而要积极乐观地接受生活赐予的一切，珍惜拥有，感恩现在，珍视友情，坚强自立，把每一天的平凡生活过成不简单。

你如果没有伞，那就努力奔跑吧。坚守梦想，紧紧地握住自己的命运之绳，握住属于自己的执着，于大千世界中鹰击长空，搏击万里，不让人生存有遗憾，不要蹉跎岁月。时间流转，总有一天，你会站在自己的人生顶峰，感谢今天努力奋斗的自己。

本书共五辑，分别从感恩、舍得、友情、意志、心态五个方面培养青少年积极乐观的心态，为当下迷茫的青少年指点迷津，注入希望的活力，传达正向能量，文字铿锵有力，内容丰富详实，故事新颖独特，道理睿智深刻，值得一读。

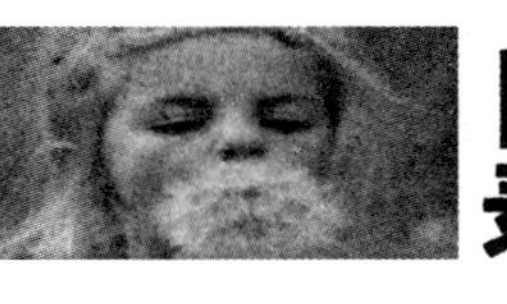

目录

CONTENTS

第一辑 不完美的人生，不抱怨的世界

——用感恩的心去生活

第一章

幸福是用一生的时间去感恩

第二章

熟悉的地方也有风景

第三章

用生命去感恩，温暖一生的亲情

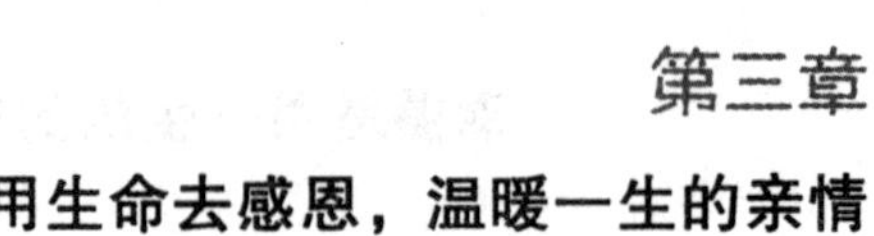

第二辑 人生当知足，知足便是福
——心有舍得，从容一生

第四章
选择与放弃决定着你的人生

第五章
舍而不求得，却能柳成荫

第六章

淡泊于心，从容于行

第七章

生命不能负担太重

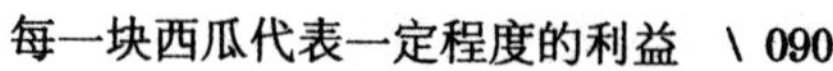

第八章

予人玫瑰，留一缕芳香

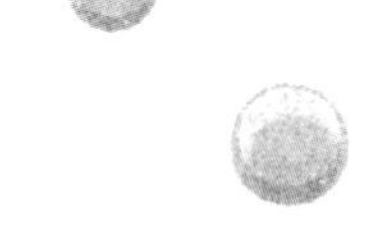

第九章

做一滴水，融入大海

第三辑 友情如歌，给予生命中的温暖

——用心伴着友情走

第十章

友情的路，通往黎明

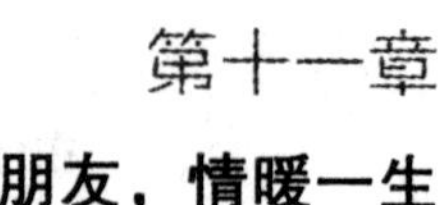

第十一章

朋友，情暖一生

第十二章

没有永远的敌人

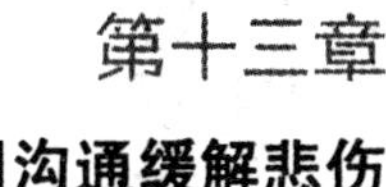

第十三章

用沟通缓解悲伤

第四辑　失败不是命运，成功不是幸运
——因为有梦，所以能奔向远方

第十四章
别把幸运当成命运

第十五章

没有风平浪静的海洋，没有不受伤的船

第五辑　苦难是所学校，毕业就会幸福
——心态好，一切就会变好

第十六章
人生没有过不去的坎，只有过不去的心

第十七章

没有历经苦难的人不懂人生

第一辑

不完美的人生，不抱怨的世界
——用感恩的心去生活

抱怨是生活的毒。

没有完美的人生，不要抱怨美的世界。

没有抱怨的生活，只有感恩的心，

心若感恩，世界便完美。

珍惜当下，快乐由心，幸福始至。

第一章　幸福是用一生的时间去感恩

“滴水之恩，当涌泉相报。”感恩是一种表达方式，是一种生活哲学，更是一种生活的智慧。感恩可以消解内心所有积怨，涤荡世间一切尘埃。感恩，是需要用一生的时间去践行的诺言。当你学会感恩，懂得感恩，你会发现不一样的人生，拥有无限的快乐和幸福。

感恩的心，触动你内心的柔软

小汤姆是一个只有 5 岁的男孩。小汤姆的父亲是个老酒鬼，他整日酗酒，喝醉了以后就打骂他们母子俩。那段日子，母子俩相依为命，父亲的残暴让他们只能把泪水往肚子里咽。

小汤姆的父亲由于饮酒过度，在小汤姆 8 岁那年死了。这以后就靠母亲一个人支撑这个家。小汤姆还清晰地记得母亲在烈日下弯着腰锄草、耕地的样子，岁月的风霜渐渐侵蚀了母亲原本光滑的面颊。懂事的小汤姆不忍心看到母亲如此辛苦，于是就去一个商人家里做小工挣钱来补贴家用。

一天，那个商人家的小孩过生日，商人夫妇给他们的儿子买了一个很大的生日蛋糕，就连小汤姆也分到了一块。可是，小汤姆并没有吃，他把蛋糕藏到了另一个房间。这还是小汤姆第一次看到生日蛋糕，他也很想尝一下，就连口水都要流出来了。但当他忍不住想咬一口的时候，小汤姆的脑海里浮现出了母亲的身影。于是，小汤姆把蛋糕包了起来，决定把得来不易的蛋糕留给母亲。

小汤姆终于等来了回家的机会，他高兴地跑回家，拿出了包得严严实实的蛋糕递给了母亲。母亲看到小汤姆拿回来的蛋糕，感动得说不出话来，只是一个劲儿地流眼泪，可谁都知道，那是幸福的泪水。普天之下任何一个母亲都会因为拥有这么一个懂事的孩子而感到无比欣慰。

亲情是世界上最伟大的情感。儿子和母亲无论在贫穷中、在困境中，还是在生活的阴影中，他们的心中都流着相同的血，母与子的心灵融为一体，永远不会分开。孝顺的小汤姆的故事让我们知道了一颗感恩的心是如此令人感动，触动着我们每一个人内心深处最柔软的地方。

感恩如阳光温暖

艾丽丝刚刚换了工作，因此，她在公司附近租了一间房子，以免受每天早晚高峰之苦。住在她对门的是一家三口，一个寡妇带着两个孩子，日子过得紧巴巴的。

有天晚上，那一带忽然停了电，艾丽丝只好自己点起了蜡烛。不一会儿，忽然听到有人敲门，艾丽丝心里非常不安，但又不能不应，于是把门打开了一个小缝。

原来是对门的小孩，小孩紧张地问："阿姨，请问你家有蜡烛吗？"艾丽丝心想："他们家竟然穷到连蜡烛都买不起吗？千万别借给他们，免得被他们缠上了！"

于是，她粗暴地对那个孩子吼道："没有！"正当她准备关上门时，那小孩微笑着轻声说："我就知道你家一定没有！"然后，从怀里拿出两根蜡烛，说，"妈妈说你一个单身女人，停电了没有蜡烛不行，所以让我带两根来送给你。"

艾丽丝的心被触动了，她流下了自责、感动的泪水，将那个小孩紧紧地拥在怀里。自此之后，艾丽丝经常去对门那里帮忙，两家亲得就像一家人一样。

这个世上充满了人情冷暖，但如果我们常怀感恩之心，便会更加感激和怀想那些有恩于自己却不言回报的人。正是因为他们的存在，才有了我们今天的幸福和喜悦。感恩就像阳光一样，带给我们温暖和美丽。

怀感恩心，领悟人生真谛

一只老鼠在河边喝水，不小心滑到了河里。老鼠在河里时沉时浮，大声呼救。这时正好斑鸠到河边喝水，看见老鼠在河里挣扎求生，就衔起一根树枝，丢给老鼠。老鼠得救了。

事后，斑鸠早就忘记了这件事，但老鼠心存感恩，一直想要报恩，于是就在斑鸠的巢附近做窝。

有一天，斑鸠站在树枝上休息，被一个猎人发现了，用猎枪瞄准斑鸠。

老鼠看到这情形，飞快地爬到猎人身上，狠狠地咬了一口，猎人痛得惨叫一声，子弹被打到天上去了。斑鸠看到老鼠不顾自己的安危，及时搭救自己，非常感激，就对老鼠道谢。

老鼠说："要不是你在河边救了我，我早就被河水淹死了，我这辈子还不知道怎么谢你呢！"

又有一天，斑鸠在菜园里觅食，不小心被主人设下的陷阱扣住了，它大声地呼救。老鼠听见了，就把所有的同伴都叫来，大家齐心合力咬坏了陷阱，把斑鸠救了出来。斑鸠再度向蚂蚁道谢，老鼠还是说："你救了我的命，我这辈子还不知道怎么谢你呢！"

斑鸠到处宣扬老鼠的感恩之举，它说："老鼠的身体虽小，它的感恩之心却是身体的千百万倍！"

落叶在空中盘旋，谱写着一曲感恩的乐章，那是大树对滋养它的大地的感恩；白云在蔚蓝的天空中飘荡，描绘着一幅幅感人的画面，那是白云对蓝天的感恩。

因为感恩才会有这个多彩的社会，因为感恩才会有真挚的友情，因为感恩才让我们懂得了生命的真谛。

每天拥有一颗感恩的心

汤姆是学习计算机专业的，大学毕业之后立志到纽约发展。然而一个月过去了，他依然没能找到理想的工作，可是身上的钱却快要花光了。

有一天，他在报纸上发现了一则招聘启事，一家电脑公司要招聘各种电脑技术人员，但需要经过严格的考试。汤姆知道这是自己最后的机会了。他在报名后就潜心准备，后来终于在300多个报名者中脱颖而出。

在走上工作岗位后，汤姆才真正意识到自己在大学里学到的知识在工作中绝大多数都用不上，自己所要学习的还太多太多。公司每晚要留值班人员，但值班是个苦差事，家住本市的同事都不愿意干，于是汤姆索性搬到公司去住，白天工作，晚上值班。同事们下班后，他就在办公室拼命钻研电脑知识，比读大学的时候还勤奋。工作两个月后，他就已经成为公司的技术骨干了。

两年后，汤姆通过自己的努力考取了国际网络工程师资格证书，成为一名名副其实的网络工程师。几年过去了，随着公司的发展壮大，不到30岁的他凭借出色的业绩在这家公司拥有了很高的职位，并拥有了一定的股份，在公司里的前景一片光明。

当人们问起他的成功经验时，汤姆谦虚地说："其实也没什么，就是我懂得感恩，我有一颗感恩的心。我知道这份工作来之不易，于是我每天都用几分钟的时间，为自己能有幸拥有眼前的这份工作而感恩，为自己能进这样一家公司而感恩。这样，我便有了前进的动力，再苦再累的活也难不倒我了。"

在工作中，懂得感恩就意味着懂得如何去承担责任，因为没有责任感的员工不是一个优秀的员工。感恩让人们从自己的内心深处萌生责任意识，拥有感恩的责任意识让每一个人表现得更加卓越，更加优秀，更加受人尊敬。

珍惜拥有，怀着一颗感恩的心生活

有个年轻人离开了自己的母亲，来到深山，想要拜佛以修得正果，任凭母亲怎么劝，都不肯回心转意。

这个年轻人在路上遇到了一个老和尚，于是便问他："敢问大师，哪里有得道的佛？"

老和尚打量了一下年轻人，缓缓地说："与其去找别人的佛，不如去找自己的佛。"

年轻人顿时来了兴趣，心想："难道我真的是有缘人吗？天下竟然有我自己的佛"于是忙问："自己的佛？请问我的佛在哪里？"

老和尚说："你现在就回家去，在路上有个人会披着衣服，反穿着鞋子来接你，那个人就是你的佛。"

年轻人拜谢了老和尚，开始起程回家，路上他不停地留意着老和尚说的那个人，可是他已经快到家了，佛也没出现。年轻人又气又悔，以为是老和尚欺骗了他。等他回到家时，夜已经很深了。他灰心丧气地抬手敲门，让母亲给自己开门。他的母亲听到自己儿子的声音以为他终于回心转意回家来了，于是急忙抓起衣服披在身上，连灯也来不及点着就去开门，慌乱中连鞋都穿反了。

年轻人看到母亲狼狈的样子，突然醒悟过来，一把抱住自己的母亲，流下了悔恨的泪水。

珍惜你所拥有的，怀着一颗感恩的心生活，就能发现身边的佛。可是，当我们在寻找自己前途的时候往往却忘记了，母亲才是我们最应该感激、最应该报答的人。

用一生的时间，报答生活

约翰是一名邮递员，他每天都要给住在社区中的人们送信。每当他来到那位鹤发童颜的老者家时，老人总是早早地就等在门口，因为每天他都能收到来信。

当老人喊着约翰的名字，并从他手里接过信的时候，总是非常高兴，激动得像个孩子，甚至充满感激地伸出双手小心翼翼地接过信，然后郑重地放在口袋里。看着老人无比幸福的笑脸，约翰感到非常疑惑：到底是谁每天都给他寄信呢？

就这样过了好多年，老人每天都会收到一封信，从没有间断过。直到有一天，约翰照常给老人送信，却被邻居们告知老人已经去世了，他是在甜蜜的睡梦中安详地死去的，临死时，嘴角还挂着微笑。

后来，约翰听说，老人的远房亲戚在整理遗物时发现了老人每天都会收到信的秘密。原来，那些信件都是以前他和夫人互相写的情书。老人一遍又一遍地将它们寄给自己，是为了回忆那些美好的往事，纪念自己在 15 年前就已经逝去了的爱人。

老人的心中充满了对夫人的爱恋，充满了感激。虽然老人平静地离开了这个世界，但是人们一定会记住他那颗虔诚而感恩的心。

感恩是一种情怀，是一种信念。感恩不是一句话、一个行动所能概括的。感恩是用一生的时间，用全部的身心去报答生活。这个老人对于夫人给自己的爱的感激之情，虽经历了几十年时光的洗礼，但直到死都未曾磨灭。

在心底盛满鲜花

在彼得堡的黄昏中，一个青年在白杨树下缓缓地踱着步子，眉头紧锁，仿佛有许多心事缠绕在他心中，他就是刚刚从彼得堡大学毕业的尼古拉。

在尼古拉很小的时候，他的父母就离婚了，母亲改嫁之后，再也没有回来过。从那以后，尼古拉一直跟着父亲生活，是父亲一手把尼古拉拉扯大的。由于父亲对尼古拉的关爱体贴入微，这让尼古拉对母亲的思念渐渐淡化，到了后来甚至怨恨母亲在自己小的时候撒手不管，离家而去。

地尼古拉 15 岁的时候，父亲告诉了尼古拉关于他母亲出走的真正原因。他说："你母亲的离开都是我的错，不能怪她。那时候我因为失业，心情沮丧，整日无所事事，只有借助酒精的麻醉才可以入睡，而且时常撒酒疯，打骂你母亲。后来她因为忍无可忍，才最终选择离开的。"

父亲讲完这番话，尼古拉才慢慢地理解了母亲，不过他也把自己对母亲的怨恨转移到了父亲身上，认为是他把母亲逼走的。从此，尼古拉越发地孤独，这样一天天地与悲伤一起长大。尼古拉的父亲为了弥补自己的过错拼命挣钱，供尼古拉上学，从小学一直到大学，所有费用都要靠父亲一个人的工资。但是尼古拉似乎并不领情，在大学期间尼古拉很少回家，每次打电话时他也只说简短的几句话便挂断了话筒。

大学毕业后，尼古拉很长时间没有找到工作，他显得非常无助，他开始体会到了生活的艰辛，明白了父亲对自己的爱，也后悔过去自己对待父亲的态度。

每次夜深人静的时候，尼古拉看着父亲在幽暗的灯光下佝偻的背影，总是忍不住鼻子发酸，心中充满了愧疚。他深深地明白，正是眼前的这个人给了自己一个家，给了自己温暖的栖居地，让自己生活在幸福之中。

在朋友们的帮助下，尼古拉终于找到了一份银行职员的工作，这让他兴奋不已，他开始明白了感恩的真正含义。从那以后，尼古拉白天辛勤地工作，晚上就陪在父亲身边，陪伴父亲度过幸福的晚年时光。

当我们站在人生的某个高点上，回忆过往的一切，我们的心是一片荒凉的土地，还是盛开着美丽的花朵？如果没有感恩之心，那么我们的内心一定如荒凉的土地一样贫瘠；反之，我们的生命则会充满勃勃生机。无论父亲还是母亲都是我们成长中的雨露和阳光，我们的人生在他们的关爱下静静地成长，充实而丰满。是父母养育了我们，给了我们生命和青春。对于父母的养育之恩，我们永难报答。

心存爱与感恩，收获快乐与感动

一天，修道院的大门被叫开，看门人巴拉甘惊喜地看到，旁边果园的一个果农给他送来一大串晶莹剔透的葡萄。

果农对他说：“兄弟，我想把这串葡萄送给你，感谢你在我每次来修道院时对我的关照。”看门人对如此情意浓厚的礼物表示感谢，并对果农说修道院的人会很高兴享用这串葡萄的。

果农满意地离开修道院之后，看门人把葡萄洗净，得意地望着它。忽然，他想起修道院里的一个病人最近得了病什么也不想吃，便决定把这好吃的葡萄送给他，让他开开胃："他多么需要营养啊！"

于是，看门人把葡萄送到虚弱的病人床前，病人睁开双眼惊喜地看着葡萄。看门人对他说："马蒂亚斯，有人送给我这串葡萄，我知道你最近什么都不想吃，但我想这串甜美的葡萄也许能带给你食欲。"马蒂亚斯从心里感激他，对他说自己将永远记住他，就是有一天死了，也会在天堂里感谢他。

病人马蒂亚斯刚想吃点葡萄开开胃，又想起应该把它送给对自己倾注了大量心血，整日整夜地为他操劳的医生埃斯特万，以慰藉自己的灵魂。要知道，如果不是医生照顾他，他可能早就死了。

于是，马蒂亚斯喊来医生，医生埃斯特万以为马蒂亚斯出了什么问题，就迅速赶到了他的床前。病人对医生说："埃斯特万，看门人惦记着我的病，送给我这串葡萄，让我品尝。由于我什么都没有吃，现在我吃了它可能会伤害我的胃，我想还是让你吃了吧，你对我一直很不错。"

医生坚持让病人吃，但是越坚持，病人越是拒绝。于是，医生只好感谢病人送给他如此诱人的礼物，然后把葡萄带走了。

医生边走边想，这串葡萄应该送给兢兢业业为大家服务的厨师埃纳文图拉，他才更有资格享用这串葡萄。于是，医生来到厨房，找到了厨师埃纳文图拉，对他说："你的心像这串美丽的葡萄一样高尚，这串葡萄送给你吧，感谢你每天为我们做美味的饭菜。"厨师谢过了医生的美意，但他也没吃这串葡萄，而是把它送给了为大家操劳的修道院院长。

就这样，这串葡萄在整个修道院里传来传去，最后重新回到了看门人手中。看门人惊讶得不知所措，他觉得不能再让葡萄兜圈子了。于是，他不再迟疑，开始吃起葡萄来，他觉得自己从来也没有吃过味道如此甜美的葡萄。

在修道院中传递的不只是一串甜美的葡萄，更是一颗感恩的心，一串人与人心灵的呵护与关爱！有了这份爱与感恩，不论生活的风雨多么强烈，不论前面的路多么困难重重，你都会从中收获快乐、感动、勇气。而这也正是看门人觉得那串葡萄前所未有的甜蜜的原因。

工作，上帝的恩赐

一个人在偶然间捡到了一盏神灯，灯神说可以满足他三个愿望。

他对灯神说："我的第一个愿望是要变成一个有钱人！"

灯神马上就把他变成了一个百万富翁。这个人大喜过望，马上提出了自己的第二个要求："我希望自己只有20岁！"

灯神挥了挥手，已经60多岁的他马上就变成了一个20岁的小伙子。

他高兴极了，接着说出了自己的第三个愿望："我想一辈子都不工作……"

灯神二话没说，马上施展了自己的神力——这个20岁的百万富翁又变回了路旁那个又老又脏的人。

他大惑不解，急忙问灯神："怎么会这样？我怎么又变回来了？"

灯神诚恳地说："工作是上帝对人类最大的恩赐，我再有本事也不可能跟上帝相对抗啊，你想丢掉这最大的恩赐，最终的结果也就只能是现在这样了。知道你为什么一事无成吗？就是因为你没把握住上帝的恩赐，不知道感恩也不好好工作啊！”

心存感恩的人把工作看成是上帝给人类的最大恩赐，所以他们在工作中尽职尽责，倾尽全力，所以他们与众不同，获得成功。因此，我们不需要灯神也能让自己富有。相反，如果我们像那个人那样把工作看作是负担，那么我们最终也只能像他一样了。

一次握手，就能收获生命中的钻石

这是圣诞节的前夜，快打烊的时候，艾丽收拾完了自己的柜台，开始统计今天的账目，同伴已经提前回家了。艾丽盘算着，等这个月发了工资加上自己一年的奖金，就向妈妈上交自己的储蓄费。虽然数额不大，但是，对于每月上交工资的艾丽来说，足以让妈妈和弟弟惊喜一阵子了，这样，不用担忧弟弟第二年的学费，一家人就可以开开心心地过日子。

笑容洋溢在艾丽的脸上时，门口进来了一个30多岁的男子，靠近门口的服务员赶紧上前接待。一阵寒风在开门的瞬间吹了过来，艾丽一缩脖子，急忙收回心思，看手里的报表。

“小姐，请把这手链拿给我看一看。”艾丽抬头，看见是刚才进来那个30多岁的男人，他的中指指着一条镶有7颗钻石的手链、男人的手很粗糙，中指上还有裂口，他穿着一套起皱的西装，领带没有系上。艾丽迟疑了一下，还是按他的请求拿出了手链，递给他。男人一副心不在焉的样子，又看看柜子里面别的款式，然后懒洋洋地问道：“多少钱？”

“11.9万美元，先生。”艾丽说。

“太贵了吧。”说完他把手链还给了艾丽，往外走去，他的步履有些蹒跚。艾丽小心翼翼地将手链放回原处，突然，她看见手链上的钻石只剩下了6颗。艾丽心里紧张起来，她想到了这个月的工资，今年的奖金，自己这份养家糊口、供弟弟上学的工作。艾丽紧走了几步，向门口赶去，她心里很乱。男子已经打开了店门，迈腿走出去。“站住！”艾丽嗓子紧巴巴地喊了出来，店里的所有人的目光都聚集了过来，门外停车场的保安警惕地看着这边。在珠宝店门口，男子转身，艾丽追了过来，外面的寒风很大，艾丽迎面一哆嗦，看见男子一条裤筒空荡荡地在风中晃动。男子脸色煞白，有些僵硬，艾丽微笑着伸出右手说：“先生，祝您圣诞快乐！”

男子惊讶地迟疑了一下，也伸出了右手，握住了艾丽的手，干涩地笑着说：“谢谢你！”说完，转身走出门外。艾丽感觉到右手心多了个硬硬的小东西，她知道这就是那颗钻石。

20年后的一个圣诞节前夜，在另外一家珠宝店里，艾丽正在打烊前忙碌着，前台的店员走过来说道：“老板，这位先生要求见您。”一位50多岁的商人，握住了珠宝店老板艾丽的手说：“谢谢你，是你给了我生存的智慧，给了我自尊和希望。”这个商人就是20年前的那个男子。

生活中好多时候，有时就是一次简单的握手、一个不经意的微笑，一句暖暖的、简短的话语，或许，你就会收获生命中的钻石和人格的尊严，就会寻找到自己在社会中的立足之地！

第二章　熟悉的地方也有风景

人总是喜欢追求那些得不到的东西，觉得自己所拥无几。其实，不是你拥有得太少，而是自己不懂得珍惜而已。关注眼前，留意脚下，珍惜拥有，幸福就在身边。

熟悉的地方也有风景

一匹老马失去了老伴，身边只有唯一的儿子和自己在一起生活。老马十分疼爱儿子，把它带到一片草地上去抚养。那里有流水，有花卉，还有诱人的绿荫。总之，那里具有幸福生活所需的一切。

但小马驹根本不把这种幸福的生活放在眼里，每天滥啃三叶草，在鲜花遍地的原野上浪费时光，毫无目的地东奔西跑，没有必要地沐浴洗澡，没感到疲劳就睡大觉。

这匹又懒又胖的小马驹对这样的生活逐渐厌烦了，对这片美丽的草地也产生了反感。它找到父亲，对它说："近来我的身体不舒服。这片草地不卫生，伤害了我；这些三叶草没有香味；这里的水中带泥沙；我们在这里呼吸的空气刺激了我的肺。一句话，除非我们离开这儿，不然我就要死了。"

"我亲爱的儿子，既然这攸关你的生命，那我们马上就离开这儿。"它的父亲答道。说完它们就立刻出发去寻找新家了。

小马驹听说出去寻找新家，高兴得嘶叫起来，而老马却不那么快乐，只是安详地走着，在前面领路。它带着它的孩子爬上陡峭而荒芜的高山，山上没有牧草，就连可以充饥的东西也没有一点儿。

天快黑了，仍然没有牧草出现，父子俩只好空着肚子躺下睡觉。第二天，它们只在饿得筋疲力尽时吃到了一些长不高而且带刺的灌木，但老马的心里已十分满意，因为现在小马驹终于不到处乱跑了。又过了两天，小马驹已经饿得迈了前腿就拖不动后腿了。

老马心想，现在给它的教训已经足够了，就趁黑夜把儿子偷偷带回到原来的草地。小马驹一发现嫩草，就急忙跑去吃。

“啊！这是多么绝妙的美味啊、多么好的绿草呀！”小马驹高兴地跳了起来，“哪儿来的这么甜、这么嫩的东西？父亲，我们不要再往前去找了，也别回老家去了——让我们永远留在这个可爱的地方吧，我们就在这里安家吧，哪个地方能跟这里相比呀！”

小马驹这样说，而它的父亲也答应了它的请求。天亮了，小马驹突然认出了这个地方原来就是几天前它离开的那片草地。它垂下了眼睛，非常羞愧。

老马温和地对小马驹说：“我亲爱的孩子，你千万要记住幸福就在我们身边，要懂得珍惜啊。”

熟悉的地方没风景，普通人的眼里没伟人。太多的美好与幸福，往往令沉浸在其中的人们觉察不到。很久以来，人们的内心充满了渴求与贪婪，对财富与成功的渴求，对爱情的渴求，却从来没有仔细地审视自己所拥有的一切。正是这贪婪的心把那些感受美好的触觉给屏蔽了，让人们忘记了上苍所给予自己的种种恩赐，让人们总是对遥不可及的未来充满期待却忽略了对今天的感恩。让我们静下心来，好好体会一下那些如空气般环绕在你周围的幸福吧，因为幸福就在我们身边！

幸福竟如此容易：珍惜拥有的一切

有一个孩子小时候生了一场极重的病，后来病虽然好了，但从此之后，他的一只眼睛却再也看不见东西了。

一只眼失明之后，他的爹娘因为心疼自己的儿子每天以泪洗面。而他自己却不这么看，他对自己的爹娘说："还好，只坏了一只眼睛，比起那些双目失明的人，咱可是幸运多了。"爹娘想想也是，于是再也不哭了。

后来，他长到娶亲的年纪，因为身有残疾，没有正常的姑娘愿意嫁给他，结果就只娶到了一个先天兔唇的姑娘。姑娘娶进门后，二老一见她的双唇豁得那样难看，心里难受，于是连连叹息和摇头。没想到他反来劝爹娘说："还好，能娶到这样一个媳妇，和那些什么也没有的光棍汉相比，咱还不是好到了天上？好歹咱还会有个后代。"爹娘一听儿子这话，觉得也真有道理，高高兴兴地做起公公婆婆来。

兔唇姑娘一口气给他生了五个女儿，就是生不出一个儿子，他也不在意，他对媳妇说："还好，咱们还有女儿，世上有好多结了婚的女人，压根就不会生孩子。甭说五个女儿，她们连一个女儿也生不出来！"于是兔唇女人把嘴一咧，再也不觉得内疚了。

他家里缺吃少喝，他又对家人说："还好，咱们还有稀饭喝，和讨饭的人们比比，咱这日子还算在天堂里……"

再后来他老了，也开始盘算着他的棺材，可是家里实在穷，就只得用最次等的槐木做了一口最薄、最不气派的棺材。面对老伴愧疚的眼神，他满意地说："比起那些穷得根本买不起棺材、死了以后尸体用草席卷的人，不是要好得很吗?”

他是在72岁的那年冬天去世的。临终前，听到老伴在床头哀哭，他还用极微弱的声音劝道：“哭啥？我已经活了72岁了，比起那些活八九十岁的人，我不算高寿，可比起那些活四五十岁就死的人，我这还算活得长的哩!”

就这样，他过完了他的一生，虽然在旁人看来他这一生过得穷困潦倒，但对于他自己来说，这却是平凡而幸福的一生。直到他死，两个嘴角还带着淡淡的笑容……

想想故事中的盲人，再想想我们自己，我们就会发现，原来幸福来得竟是如此的容易。那么，从现在起，让我们珍惜自己所拥有的一切，坦然地对待那些我们得不到的，幸福感就会悄然来到我们身边。

珍惜拥有，不浪费

百兽之王狮子想要招聘一位仓库保管员，狐狸、山羊、野猪都自告奋勇表示愿意接受这份工作。狮子见三者能力、学历都不相上下，一时难以决定，便留下它们与自己共进午餐。

席间，狐狸见有自己喜欢吃的鸡腿，便毫不犹豫地拿起一只，刚啃了几口，便丢到桌下，又随手拿起另一只；野猪呢，看见桌上有它爱吃的玉米，也毫不客气地拿起一根，狂啃起来，全然不顾许多玉米粒从两颗獠牙间落下来，滚到地上；只有山羊吃得很斯文，很干净，连粘在碗边的一粒米饭都被它送到了嘴里。

这一切都被精明的狮子看在眼里。饭后，狮子宣布，仓库管理员的位置属于山羊，而狐狸与野猪都落选了。

显而易见，狐狸和野猪之所以落选，就是因为它们不懂得珍惜食物，太浪费。而山羊懂得珍惜，懂得节省，被狮王看中也就是理所当然的事情了。然而，现实生活中，很多人都忽略了“杜绝浪费”这一生活原则，因为他们觉得一点点浪费不会影响整个生活质量。其实，有这种想法是错误的。一个随时杜绝浪费的人，会因他良好的品质而受到人们的欢迎。

生命如花

一个人到墨西哥旅游，一天黄昏时他在海滩漫步，忽然看见远处有一个人正在向海里扔东西。走近些时，他发现原来这是一个本地人，正捡起被潮水冲到海滩上的海星，然后再用力地把它扔回大海里去。

这个人很奇怪，于是问道：“晚上好，朋友！我可以冒昧地问一句，您在做什么吗?”

那个当地人说：“我在把这些海星送回海里。你看，现在正是潮退，海滩上这些海星全是给潮水冲到岸上来的，很快这些海星便会因缺氧而死了！”

“可是，被海水冲上来的海星成千上万的，您有能力把它们全部送回大海吗？就算您是海星们的救世主，您又能救多少只海星呢？”

那位当地人微笑着继续拾起另一只海星，一边将它抛向海里一边说：“但起码我改变了这只海星的命运呀！这就是我认为有意义的事。”

生命不过是一个过程，就像花草一样，经过一岁的枯荣，然后老去死去。最重要的是，我们在拥有生命的时候怎样珍惜并提高它的质量，使它像花一样灿烂美丽，哪怕最后凋零枯萎。去做自己认为有意义的事情吧，因为这就是珍惜生命。

把每一个人都当成宝贝

有这样一个女孩，无论她走到哪里总是会有很多的朋友，以前的老朋友会经常挂念她，给她打很多电话，而身边的新朋友也总是源源不断，即使是在路边邂逅的陌生人也对她有好感。很多不熟悉她的人都惊异于她的亲和力，不明白为什么她可以交到这么多的朋友，而她的朋友又是这样地挂念她。

随着问她这个问题的人越来越多，这个女孩给出了自己的答案："我长得并不漂亮，所以别人喜欢我不是因为我的外在。如果说我的内在足够吸引人，我想那就是我格外珍惜和身边人的缘分！念书的时候，我想，和这些本来陌生的人能在一起学习多么不容易啊。有了这样的想法，就不可能和他们产生矛盾，也不可能不关心他们。当我踏入社会，我又觉得和同事、老板在一起工作也是一种缘分，说不定两三年之后大家又分开了。这样想着，我就觉得每个人都像宝贝。"

如果我们真正珍惜和身边人的缘分，我们就会把每一个人都当成宝贝。把每一个人当成宝贝的人，别人也会把他当作宝贝，这就是那个有着非凡亲和力的女孩的秘密。

妄求是一切痛苦的根源

从前，有两只长得很像的老虎，一只老虎被关在动物园的笼子里，一只老虎则住在山里。被关在笼子里的老虎虽然每天都衣食无忧，但是却没有自由，只能傻傻地待在动物园的笼子里。住在山里的老虎虽然可以自由地奔跑，但是常常抓不到猎物，只能过着饥一顿饱一顿的生活，而且每天都只能睡在草地上，到了冬天的时候会非常的冷。

这两只老虎都非常羡慕对方的生活。生活在山里的那只老虎，认为笼子里的老虎十分安逸，每天的三餐都有专门的人员来喂，而且喂的都是好肉，每一天每一刻都不会感觉到饿；而且动物园里有暖气，老虎也不用以天为被以地为席，每一天都会睡得非常舒服。它也想过这样衣食无忧的生活，每天不用到处去觅食，它觉得这简直就是神仙过的日子。

反之，那只关在笼子里的老虎却十分羡慕在野地里的那只老虎。它觉得那只老虎非常自由，可以到处乱跑，也可以到处玩耍，想吃东西了就自己抓，不用像自己一样每天都吃一样的肉，除了牛肉就是猪肉，太单调了；而且它想干什么就干什么，每天出去还可以舒活一下筋骨，那种自由自在的生活简直太美好了。

这两只老虎的愿望被一个善良的老神仙知道了，老神仙可怜它们，就大发慈悲地把它们两个的位置换了一下，让它们过上了各自向往的生活。因为它们长得很像，所以没有人认出来它们已经不是原来的那只老虎了。

一个月以后，老神仙想看看这两只老虎是不是过得很好，本来以为自己实现了它们的愿望，它们应该过得很开心才是，但是神仙却惊讶地发现那两只老虎居然都死了！

原来，笼子里的那只老虎是被饿死的。因为它从小就生活在笼子里面，相当安逸，没有一点点野外的生存经验。自己捕食根本不像它想象中的那样简单，结果它根本不能捕捉到任何的食物，被活活地饿死了。而那只生活在山里的老虎则是被闷死的。它虽然得到了温饱，但是却失去了自由，不仅不能像以前那样在野外狂奔，想干什么就干什么，而且还要每天让许多人看，非常地烦，于是便郁郁而终了。

人们总是不满足于现状，无论现在过得多么幸福，总是会对现实的生活有诸多的不满。因此，很多人也像这两只老虎一样，自己拥有的时候不懂得珍惜，一心想过另外的生活，直到真正换了一种生活以后，才发现自己还是更喜欢原来的生活。所以，我们理想中的生活也许根本就不适合自己，珍惜现在才能拥有幸福。

一碗水的沉重

有一个国王，他是一个非常仁慈的人，他总是不忍心处死自己的国民，但法律是不可亵渎的，自己的仁慈和法律之间的冲突让国王苦恼不已。终于，他想出了一个好办法，他制定了一条新的法律：如果哪个死囚能端着满满的一碗水跨过大山，穿过沙漠，最后再回到皇宫而且滴水不洒，国王就赦免他。

法律第一天实施，正好就有一个死囚要被处死，当这个死囚被问到愿不愿意做这条法律的第一个受益者时，死囚几乎想都没想便答应了。

离开皇宫的路，由800个台阶组成，死囚在一片议论声与起哄声中起程了。任何人都不相信这个死囚可以做到这件不可能做到的事情，就连死囚的家属也认为他已经死定了。上山的路，崎岖不平，好几次死囚差一点葬身于悬崖。头发被风吹散了，衣服被山石剐破了，但一路上，他始终保持着一种姿势——双手紧紧扣着水碗。离开了险象环生的大山，死囚向沙漠的方向走去。沙漠里的太阳分外毒辣，裸露在外面的表皮褪了一层又一层。滚烫的沙子几乎吸干了他身上所有的水分，干裂的嘴唇开始不断地往外淌血，但他的双眼从未离开过那只沉重的碗。

皇宫的大门敞开着，死囚终于回到了起点，他的手里还是离开时那满满的一碗水。人群沸腾了，国王也非常高兴，问他："你怎么能做到滴水不洒呢？"死囚回答说："我端在手里的哪里是水，分明是我的生命啊！"

一碗水，在平常人的眼里，算不得什么。但对于一个生死攸关的死囚犯来说，它的分量实在是太沉重了。生命这东西，是最坚强而又最脆弱的。有时它如钢铁、如磐石，可百折不弯，能九死一生；有时，它又脆弱得像一朵花、一片叶，经不住一股寒流、一场风雨的袭击。对于如此脆弱的生命，我们应当如何对待？唯有两个字——珍惜。

珍惜身边平凡的一切

有一个樵夫每天上山砍柴，日复一日，过着平凡的日子。有一天，樵夫在砍柴的时候忽然发现，地上躺着一只受伤的银鸟，银鸟全身包裹着闪闪发光的银色羽毛，只是腿断了。樵夫长这么大从来也没见过这么漂亮的鸟，于是就把银鸟揣在怀里带回了家，专心地替银鸟疗伤。银鸟也懂得知恩图报，樵夫给它治伤，它就唱歌给樵夫听，樵夫和银鸟一起过着幸福快乐的日子。

樵夫的邻居发现了樵夫家的银鸟，然后告诉樵夫，他看到过金鸟，金鸟比银鸟漂亮上千倍，而且，歌也唱得比银鸟更好听。樵夫想着，原来还有金鸟啊！从此樵夫每天只想着金鸟，不再仔细聆听银鸟清脆的歌声，原来的那种快乐也渐渐离他远去了。

有一天，樵夫望着金黄的夕阳，想着金鸟的美丽。樵夫的心不在焉被银鸟察觉了，正好银鸟的伤也已经痊愈，于是就准备离开樵夫，回到森林里去。

银鸟飞到樵夫的身旁，最后一次唱歌给樵夫听，樵夫听完，只是很感慨地说：“你的歌声虽然好听，但是比不上金鸟；你的羽毛虽然很漂亮，但是比不上金鸟的美丽。”

银鸟发出了一声响亮的鸣叫，在樵夫身旁绕了三圈向他告别后，便朝金黄的夕阳飞去。樵夫望着夕阳中飞远的银鸟，毕竟相处久了，还是感到一阵失落。忽然间，他发现，在金黄的阳光照耀下，银鸟全身发出一道道耀眼的金光！樵夫惊呆了——哦！金鸟！终于找到了！樵夫大声呼喊，想把银鸟再叫回来，但已晚了……

遇见银鸟是樵夫一生的幸运，但樵夫却因为邻居的一句话而对银鸟不知珍惜，这是多么可悲的一件事啊！在人生中，我们经常发现许多人总是在悔恨过去，或是在忧虑未来，然后就压抑现在。所以他们只是活在昨天与未来，却没有人真正地活在今天，珍惜身边的一切。这样看来，我们不就和那个不知珍惜的樵夫没什么区别了吗？

珍惜时间＝珍惜生命

有一天，在美国著名的物理学家和政治学家富兰克林所在报社前面的商店里，一个犹豫了将近一个小时的男人终于开口问店员：“这本书多少钱？”

“1美元。”店员回答。

“1美元？”这人又问，“你能不能少要点？”

“它的价格就是1美元。”

这位顾客又看了一会儿，然后问：“富兰克林先生在吗？”

“在，”店员回答，“他在印刷室忙着呢。”

“那好，我要见见他。”这个人坚持一定要见富兰克林。于是，富兰克林就被找了出来。

这个人问：“富兰克林先生，这本书最便宜能卖多少钱?”

“2 美元。”富兰克林不假思索地回答。

“2 美元？你的店员刚才还说 1 美元一本呢!”

“这没错，”富兰克林说，“但是，您打断了我的工作，我宁愿给您 1 美元也不想自己在工作的时候被人打断。”

这位顾客惊异了。他心想，算了，结束这场自己引起的谈判吧，他说：“好，那就 2 美元吧。”

“不，您需要付 3 美元。”

“又变成 3 美元？你刚才不还说 2 美元吗?”

“对。”富兰克林冷冷地说，“但是您又耽误了我两分钟时间。”这人默默地把钱放到柜台上，拿起书出去了。在走的时候，他若有所思，因为富兰克林彻底改变了他的时间观念。

富兰克林明白，珍惜时间就是珍惜生命，因此，对于富兰克林的时间观念，那个男人若有所思，那我们呢？我们本身不是也常常像那个男人一样？从现在起，珍惜时间吧，因为时间就是我们的生命。

第三章　用生命去感恩，温暖一生的亲情

世界上最爱我们的人莫过于我们的父母。父母之爱，深沉如海，恩重如山，我们要用生命去回报、去感恩。因为感恩，亲情更加感人真挚，愈加温暖绵长。鲜花可以枯萎，沧海可变桑田，父母之爱，永驻心间。

母爱，以生命付出为代价的爱

两个老猎人为追击一只母猴来到被砍伐后的秃山坡上。母猴怀里紧紧抱着自己的崽，背上背着另外一只猴崽，它匆忙地沿着荒寂的山岭逃窜。两个老猎人拿着猎枪穷追不舍，有经验的猎人都知道，抱着两个崽的母猴跑不了多远。于是，两个猎人分头包抄，和母猴兜圈子，消耗它的体力。母猴慌不择路，最终爬上了空地上一棵孤零零的小树。这棵树太小了，几乎禁不住猴子的重量。上了树的母猴再无路可逃，它绝望地望着追赶到跟前的猎人，更紧地搂住了它的崽。

绝佳时机，两个猎人同时向小树靠近。就在他们手中的木棒要抡起的时候，他们看到母猴突然做了一个手势，两人一愣，分散了注意力。在猎人迟疑间，只见母猴将背上的、怀中的小崽儿，一同搂在胸前，给它们喂奶。两

个小猴崽大约是不饿，吃了几口便不吃了。于是，母猴将它们搁在更高的树杈上，自己在左左右右摘了许多树叶，它将奶水一滴滴挤在叶子上，搁在小猴能够得到的地方。做完了这些事，母猴缓缓地转过身，面对着惊呆了的猎人，用前爪捂住了双眼。母猴的意思很明确，现在可以了……

母猴的背后是夕阳的余晖，一片凄艳的晚霞和群山的剪影，两只小猴天真无邪地在树梢上嬉戏，全然不知道危险就在它们眼前。

猎人的木棒从手中掉了下去，他们永远地放下了木棒，他们无法残杀一个母亲。

母爱是无私且以生命为代价的。无论身处怎样的险境，无论面临怎样的灾难，母亲总是把自己的孩子放在第一位，这是个亘古不变的道理——无论是人类还是其他的动物。世上最伟大的便是母爱。

“我想把上帝买回来”

一个小男孩捏着一美元硬币，沿街一家一家商店地询问：“请问您这儿有上帝卖吗?”店主要么说没有，要么嫌他在捣乱，不由分说就把他撵出了店门。

天快黑时，有个60多岁的店主，笑着问男孩：“告诉我，孩子，你买上帝干吗?”男孩流着泪告诉老人，他叫邦迪，父母很早就去世了，他是被叔叔帕特抚养大的。“叔叔是个建筑工人，前不久从脚手架上摔了下来，伤势很严重。医生说，只有上帝才能救他。我想，上帝一定是种非常奇妙的东西，我把上帝买回来，让叔叔吃了伤就会好的。”

听到这里老人的眼湿润了，他问：“你有多少钱?”

“一美元。”男孩回答。

“孩子，眼下上帝的价格正好是一美元。”老人接过硬币，从货架上拿了瓶“上帝之吻”牌饮料说：“拿去吧，邦迪，你叔叔喝了这瓶‘上帝’就会好的。”

邦迪喜出望外，将饮料抱在怀里，非常高兴地回到了医院。一进病房，他就激动地叫道：“叔叔，我把上帝买回来了，你很快就会好起来！”叔叔接过“上帝之吻”饮料，笑了笑，很感动地喝了起来，他不能让孩子失望。

几天后，一个由世界上顶尖医学专家组成的医疗小组来到医院，对帕特进行会诊。他们采用了世界上最先进的医疗技术，终于治好了帕特的伤。

当帕特出院时，看到所花的医疗费用特别惊人，差点儿吓昏过去。这时院方告诉他，有个老人把钱给付清了。那个老人是个亿万富翁，从一家跨国公司董事长的位置上退下来后，隐居在本市，开了家杂货店打发时光。帕特激动不已，他立即带着邦迪去感谢那个老人，但那个老人已经出国去旅游了。

后来，帕特接到一封从国外寄来的信，是那个老人寄来的。信中说：“年轻人，您能有邦迪这个侄儿实在是太幸运了。为了救您，他拿了一美元到处购买上帝……感谢上帝是他挽救了您的生命。但您一定要永远记住，真正的上帝，是人们的爱心！”帕特读罢信，百感交集。

买“上帝”的男孩有一颗天真淳朴的心，他虽然不是为了救自己的父母，但在他眼里抚养他的叔叔就是自己的父母。报答养我者，天经地义。

不懂得爱父母，又如何能爱人

从前，村子里有一户穷苦人家，家里有四口人，爷爷、爸爸、妈妈和孩子。爷爷辛辛苦苦地操劳了几十年，年纪太大了，不能再干活了，只好依靠儿子和儿媳妇养活他。而他们却把他当作一个沉重的包袱。

日子一天一天过去，老人家的身体也越来越糟糕，甚至吃饭时筷子也拿不稳了。他很需要别人帮忙，可是儿子和儿媳妇都不愿意照料他，他经常挨冻受饿，吃着残羹剩饭，穿着破衣烂衫。有时，孙子看不过去，就把自己的一份分给爷爷吃。但如果被父母看见，他就会挨一顿臭骂，说他糟蹋粮食。

他们这样对待老人，使老爷爷心里很难过，于是老人经常嘟嘟囔囔地抱怨，儿子儿媳不去设法安慰老人，反而一再重复刺激人的话："树老根多，人老话多。""老而不死是为贼。""老牛脚步不稳，老头抱怨不休。"情况越来越糟糕，老人越来越话多，两口子越来越不耐烦。最后，他们实在容不下老人了，就开始悄悄地商量摆脱他的办法。他们决定把老人送到一个很远的地方，把他一个人留在那里。丈夫说他要到市场买一个背篓——用竹子编成的大筐子，把老爷爷装进去背到远方。

丈夫对妻子说："我要把他送到一个非常非常远的地方，让他没法回家，我把他放在路旁的大树下面，也许有人会可怜他，会照顾他的。"

"可是邻居知道了会怎么说呢？"妻子问，"他们很快就会发现老家伙不在家的。如果他们问起他，我们怎么回答呢？"

丈夫说："就说，他要我们把他送到一个好地方去，他愿意在那边平平安安地度过晚年。"

他们就这样商量好了，但没有想到他们的话全被孩子听见了。父亲到市场去买背篓，等他一出门，孩子就问母亲："妈妈，你们为什么要把爷爷赶出去?"

"不，不!"母亲连忙回答，"我们不是把爷爷赶出去，当然不是。你看，家里没有人好好照顾他，因为你爸爸和我一天到晚都忙着干活。你爸爸这才决定把爷爷送到一个地方去，在那里，他可以得到多一些照顾。"

"那个地方在哪儿?"孩子问。

"啊，远得很。那个地方你不认识。"

"在那儿谁照顾爷爷呀?"

"你不用担心。那儿会有很多善心人出来照顾他的。"母亲这样说，好让他放心。傍晚的时候，男人背着一个大背篓回来了。他要等到天黑之后，才采取行动，因为他不愿意让邻居看见他的勾当。天完全黑了，他把老爷爷放进背篓里。

"你这是干什么?"老人紧张地问，"你要用背篓把我背到哪儿去呀?"

"爸爸，你知道你儿媳妇和我再也养不起你了。所以我们决定把你送到一个好地方，在那边每一个人都会对你很好的，"儿子回答，"在那边你会舒服多了。"

但老父没有被他蒙骗，他立即明白了他们的诡计。"你这个忘恩负义的东西!"他喊道，"你不想想我抚养了你多少年……你现在却这样对待我!"他大声诅咒他的儿子和儿媳妇，然后放声大哭。儿子生气了，他猛一下把背篓背在背上，很快地离开了家。

孩子默默地注视着这一切。在茫茫的黑夜里，在他快要看不见他父亲的时候，他高声喊道："爸爸，就算你要扔掉爷爷，也请你把背篓保管好，把它给我带回来。"

父亲被这句话弄得莫名其妙，他停下脚步，回过头来问："孩子，这是为什么?"

孩子回答："因为将来我还用得着它，你老了之后，我也得把你扔掉呀。"

听了孩子的话，父亲双腿打战，一步也迈不动了。他转过身子，把老人背回了家。

人总是会老的，老了就嫌弃，还有人性吗？做儿子的过于骄矜，眼里就没有父母，自然不会孝顺。一个人如果不懂得爱父母，又如何能真心爱别人？有的人之所以对生命做不到深刻透彻的认识，总认为做孝子难，是因为还没有意识到爱父母的责任。

妈妈爱吃，我就做

有一个叫达尼埃的瑞士男孩，才 12 岁就挑起了全家的重担，他的父亲双腿残废，母亲病得很重。作家三毛常常看见达尼埃，无论在市场、邮局、药房，都可以碰见他。他们熟识了。有一天，在市场，三毛见达尼埃双手提着沉甸甸的食物要去搭公共汽车。三毛的丈夫荷西按喇叭将达尼埃叫过来："一起回去，上来啊!"

达尼埃将大包小包丢进车内，一罐奶油掉了出来。三毛问："啊，买了奶油，谁做蛋糕？妈妈起不来嘛!"

"妈妈爱吃，我就做。"达尼埃简短地回答道。

"你会做蛋糕?"三毛问。

达尼埃骄傲地点点头，突然笑了一下，大概是看见了三毛脸上惊异的表情。

三毛说："你哪儿来时间？功课多不多？"

达尼埃回答道："功课在学校休息和吃饭的时间做。"

三毛啧啧道："你真是不怕麻烦，做奶油蛋糕很麻烦的。"

"妈妈爱吃，我就做。"男孩又这样说。

那天晚上，达尼埃送了四分之一的蛋糕到三毛家。三毛尝了尝，觉得味道特别不错，从心里称赞起达尼埃。他高兴得脸都红了，说："我还会做水果派，下次再做给你们吃。"过了一会儿，达尼埃又送来了一小篮鸡蛋。他说："我们自己养的鸡生的，妈妈叫我拿来。"

"你还养鸡？"三毛和荷西都惊讶不已。

达尼埃说："在地下室，妈妈喜欢，我就养。"

达尼埃每天清晨 6 点起床，喂鸡、扫鸡房、拾蛋，把要洗的衣服泡在洗衣机里，预备父母的早饭，给自己做中午的三明治，打扫完房间，这才走路去搭校车上学；下午 5 点多放学，到菜市场买菜，再回家做晚饭……三毛认为达尼埃太忙了，一个孩子的娱乐已经不存在了。可是，达尼埃却说："不忙。妈妈喜欢……"

达尼埃母亲的病情在恶化，快去世了。一天，达尼埃手里拿了两千块钱，委托三毛替他买一瓶香奈尔五号香水，他说："明天是妈妈的生日，我要送她这个礼物。"

"啊！妈妈生日，你们怎么庆祝？"

"香水，还有，做个大蛋糕。"

"妈妈能吃吗？"三毛问。达尼埃摇摇头，眼睛一下子红了。三毛接着说："蛋糕我来做，你去上学，要听话。"

"我做。"达尼埃说罢，转身走了。

母亲去世的那一夜，尼达埃没有睡觉，守在她身旁。当三毛夫妇来了后，达尼埃说："荷西，请您给我爸爸买药、叫医生，他心脏不好，叫了医生来，再摇醒他。"

达尼埃似乎什么都想周全了，比成年人还要懂得处理事情。母亲去世之后，达尼埃反倒有了多余的时间到三毛家来。三毛问他为什么不搬回瑞士去。达尼埃回答道："这里的气候对爸爸的腿好，瑞士太冷了。"

"难道你要陪爸爸一辈子？我是说，一个人有一天是必须离开父母的，当然，你的情形不同。"

达尼埃沉默了好长时间，突然说："其实，他们不是我的亲生父母。"

这让三毛感到震惊，以为自己听错了。达尼埃告诉三毛，他 8 岁时被他们从孤儿院领养出来。三毛感动地说："你……你那么爱他们，我是说，你那么爱他们!"

达尼埃笑了笑，说："是不是自己的父母都一样。"

三毛在《稻草人手记》中赞誉达尼埃为"红头发的巨人"。他与领养的母亲相处只有几年，就舍得付出一切去尽孝。"妈妈喜欢，我就……"是他真实的想法，并付诸行动。不仅如此，为了爸爸的腿，他放弃回瑞士，打算一辈子照顾爸爸。他确实是巨人！一个懂得感恩，具有无私爱心的巨人！

父母期待的回报很简单

格拉斯的父母在宾夕法尼亚州的沙勒罗伊经营一家小咖啡馆，名叫帕弋尼斯。格拉斯的第一份正式工作就是专门为那些来咖啡馆就餐的人擦皮鞋。

那时候格拉斯才 6 岁。父亲小时候也擦过皮鞋，他教格拉斯怎么样才能把皮鞋擦得亮亮的，擦完鞋后要征求顾客的意见，如果他不满意，就把皮鞋重新擦一遍。

随着年龄的增长，格拉斯要干的活也增加了。他 10 岁的时候还负责收拾餐桌，干勤杂工的活。父亲笑容满面地告诉格拉斯，在他雇佣过的勤杂工中，儿子是干得最好的。

在咖啡馆里工作使格拉斯感到非常自豪，因为他拼命地干活正是为了让全家人能生活得更好。但是父亲明确地指出，要想成为咖啡馆工作人员中的一员，就得达到一定标准，格拉斯必须准时上班，手脚要勤快，并且要礼貌待客。

除了擦皮鞋外，格拉斯在咖啡馆干的其他活都是没有报酬的。有一天，他说了一句傻话，他对父亲说："您应该每周给我 10 美元。"

父亲回答道："好啊，那么你一天在这儿吃的三顿饭的饭钱是不是也应该付给我呢？你有时带朋友到咖啡馆来白喝汽水又该怎么算呢？"

父亲又想了一下说："你每周大约欠我 40 美元。"

格拉斯挠了挠头，抱歉地对父亲一笑，然后又去干活了。后来，格拉斯在部队服役两年后回到家里。这时，格拉斯刚被提升为上尉，他自豪地走进父母的咖啡馆。父亲开口说的第一句话就是："勤杂工今天休息，晚上你搞搞卫生，怎么样？"

格拉斯心里想："我是不是听错了？我现在已经是美国军队里的一名军官了！父亲还让我帮他干活？但这又有什么关系呢？对父亲来说，我还是咖啡馆的一个伙计……"想到这里，格拉斯就拿起拖把拖地去了。

之后的格拉斯每到休假的日子，便会赶回家里，帮父母收拾餐桌，干勤杂工的活。有好几次母亲让格拉斯休息休息，格拉斯都说，我是一名军人，还是一名咖啡馆的勤杂工，更是一位懂得回报父母的孩子。

几乎每个人都是在父母无微不至的关怀和照顾下长大成人的。回报父母的养育之恩有多种方式。生活中到处都有这样的机会，只要你用心去找，一定能够找到的。

他在天堂看着我

在常青藤联盟大学里，一位叫杰利的年轻人在练习橄榄球，他的技巧水平还不足以在校际比赛中作为主力队员上场比赛。但大家都知道在4年里，这个衷心付出、勤奋用功的年轻人，一直非常努力地练球。教练对杰利的忠心耿耿与无私奉献的表现印象深刻，同时也为他对待父亲的诚挚热爱感到惊讶。有好几次，教练看到杰利和前来探望他的父亲手挽手在校园内散步。但是，教练没有机会与杰利谈杰利的父亲或是认识他。

很快迎来了赛季中最重要的比赛，在比赛开始前几天的某个晚上，教练听到有人敲门。打开门，他看到杰利脸上充满悲伤。

“教练，我爸爸刚刚去世。”杰利哽咽着说，“我可不可以这几天不练球回家?”

教练说：“我听到这消息很难过。当然，让你回家是毫无问题的。”

杰利低声说：“谢谢。”然后转身离去，教练在他身后说：“你不必在下星期六比赛前及时赶回来，你当然也不必担心比赛了。”

杰利站住，转身向教练点头后离开。就在星期五晚上，离大赛仅数小时，杰利再一次站在教练的面前。“教练，我回来了!”他说，“我有一个请求，可不可以让我明天参加比赛?”

教练原本想通过说明这场球赛对球队的重要性，来劝服杰利放弃请求，但教练却同意了杰利参加比赛的请求。教练后悔了，他想，对阵球队一般被认为按实力会赢我们3个球。我需要让最佳的球员参与整个比赛。假设开球轮到杰利，而他失误了；假设他参加比赛，而输了五六个球……

第二天，当乐队开始演奏，观众兴奋吼叫时，杰利站在目标线上，等着踢开场球。

“球可能不会传到他那边。”教练这么想。

教练会调度一阵子，确定其他的中卫及后卫带到球，然后他可以换杰利下场，那样就不必担心会有重大失误产生。“喔，不!”当开场球正落到杰利怀中时，教练叫喊着。但是，却未出现教练预期的失误，杰利紧紧抓住球，闪开了3个冲撞的防卫，跑过中场。

教练从未见过杰利跑得如此敏捷有力，杰利用力突破对方后卫逼紧的中场，他带球通过目标线。

原本拥有优势的对手愣住了。那小子是谁？当然谁也不了解杰利，因为杰利甚至不在对手球员情报记录中。直到那个时候，他一年才参赛仅仅3分钟。

教练让杰利留在场内，他在整个上半场中，又是攻击又是防卫。扑倒、拦截、击倒传球者、封锁、快跑，他全做了。

在下半场，杰利继续激励自己的队友。结束哨响时，他的球队赢了。由于打赢了不可能赢的硬仗，球员休息室中闹哄哄的。教练找到杰利，发现他把头埋在手中，远远地躲在角落里安静地坐着。

“孩子，刚刚在球场上发生了什么事?”教练抱住他问，“你不可能打得像刚才那么好。你没有那么快、那么强壮，技巧也没有那么纯熟。怎么回事?”

杰利望着教练，慢慢地说：“你知道，教练，我父亲是盲人。这是他第一次可以看到我参加比赛。”教练说：“你父亲不是去世了吗？”杰利回答：“他在天堂睁着明亮的眼睛看着我比赛。”

父母用爱的目光关注我们成长，我们要以百倍的努力报答父母。心中装着父母，不使他们失望，让他们感到欣慰自豪。

父母，不要遗忘

艾蒙风尘仆仆地从山野采风归来，收获了颇为自慰的美术作品。在自己的画室里，她请朋友理查德来鉴赏鉴赏。理查德不是画家，他没有任何专业的鉴赏概念，但对画中的各色人物产生了兴趣，似乎早已忘记了艾蒙让他看画是为了证明她画技的高超。

理查德的安静与专注令艾蒙感到安慰，她把一杯香茶递给他，说：“我正在为一个重要画展准备作品。你以一个参观者的身份，从中为我挑出一张好吗？”

理查德随口应着，眼睛却盯住了一幅命名为《父亲》的画。那是一位面目苍凉的老人，孤寂地坐在老树下，双眸黯然，似乎透出了一种沉重与无奈。

“那是……”艾蒙扫了一眼，说，“那是我的爸爸。三年前老人来看我时随便画的，不好意思。唉，你还是多看看我的新作吧。”话音刚落，她便顺手抽走了《父亲》，扔进了被她否定的一堆画纸中。

理查德的心中悸动一下，为了那位画中的父亲。他还记得艾蒙曾向他讲述过她的身世：她幼年丧母，父亲含辛茹苦地供她读书上大学，决心帮她实现当一名画家的人生梦想。理查德心里说：如今小有成就的她，就这样把父亲随意地遗忘了！

在理查德告辞之际，艾蒙执意要他提点儿意见，她说她相信他的感觉。理查德再次从那堆画中挑出了《父亲》，真诚坦率地告诉她："我选这张，因为他是父亲，你是以一个女儿最淳朴的心来作画的，而不是以一个画家的身份。"

不久，理查德收到了艾蒙送来的参观券。在那个宽敞而明亮的展厅中，他兴奋地看到了《父亲》。不远处，艾蒙搀扶着她的父亲向他走来。她说："我把我爸从老家接来一起住了，趁机再多给老人画几幅像。"艾蒙的父亲慈爱地望着有出息的女儿，眼中闪现出了希望的亮光。

理查德一直记着艾蒙走出展厅后说的一番话。她说自己这些年太投入事业，变得过于急功近利了，为了在激烈的竞争中立于不败之地，竟然淡忘了许多美好的东西。"我的灵魂一度隐藏在了冬季，是你帮我找回了灵魂的春天，谢谢你。"

理查德说："不要感谢我，我们都应感谢'父亲'。"

我们永远不能忘记父母的养育之恩，应该孝敬父母，让他们感到欣慰。

世界上最美味的泡面

一个单身男人，独自抚养一个 7 岁的小男孩。每当孩子和朋友玩耍受伤回来时，他对过世妻子的欠疚尤深，心底不免荡起阵阵悲凉的低鸣。

单位派他出差，怎么办？由于要赶火车，没时间陪孩子吃早餐，他便匆匆离开了家门。他一路上担心着孩子有没有吃饭，会不会哭，心老是放不下。

即使抵达了出差地点，也不时打电话回家，可孩子总是很懂事地要老爸不要担心。然而，他因为心里牵挂不安，便抓紧时间处理完事情，踏上归途。

回到家时，只见孩子已经睡熟了，他这才松了一口气。旅途上的疲惫，让他全身无力。他正准备就寝时，突然大吃一惊：棉被下面，竟然有一碗打翻了的泡面！“这孩子！”他在盛怒之下，朝熟睡中的儿子的屁股，一阵狠打。

“为什么这么不乖，惹爸爸生气？你这样调皮，把棉被弄脏！要谁洗？”这是妻子去世之后，他第一次体罚孩子。

“我没有……”孩子抽抽咽咽地辩解着，“我没有调皮，这……这是给爸爸吃的晚餐。”

原来孩子为了等爸爸回家吃饭，特地泡了两碗泡面，一碗自己吃，另一碗给爸爸。可是，因为怕爸爸那碗面凉掉，所以放进了棉被底下保温。

爸爸听了，不发一语地紧紧抱住孩子。看着碗里剩下那一半已经泡涨的泡面，说：“啊！孩子，这是世上最最美味的泡面啊！”

小小年纪的孩子就知道父亲在世上打拼不容易，心疼父亲。这种孝心当然要肯定、要呵护。一个人的优秀品质，莫过于体现在家中理解体谅父母，在外同情关怀他人。善良的心，可以支撑起这个世界上最大的爱。

你的礼物，父母如视珍宝

唐拉德·希尔顿刚经营旅馆业的时候一帆风顺，他买下了 3 座旧旅馆，而且在一年内就赚回了本钱，这时他想回沙卡洛看望母亲。

希尔顿走进一家珠宝店给母亲挑礼物，老板热情地拿出一枚大胸针。这枚胸针是钻石的，光芒四射，是希尔顿见过的最漂亮的一枚。

老板对希尔顿说："这枚胸针送给您的母亲再合适不过了!"

希尔顿想：女人都是深爱珠宝的，母亲也一定喜欢这精美的礼物。他毫不犹豫地把它买下了。希尔顿回家后，正巧全家人都聚到了一起。大弟卡尔从海军放假回来，小弟也在家。母亲愉快地告诉希尔顿，妹妹伊娃快要有一栋有私人游泳池的房子了；另一个妹妹露丝丽涉足股票市场，并且获得了成功；小妹海伦也快毕业了。在母亲眼里，她的每个子女都很成功。

卡尔问希尔顿："你在得克萨斯发财了吗？听说那里的人个个都是百万富翁。"

"没有。"希尔顿一本正经地回答，"不过，我给妈妈买了一件小小的礼物。"说着，希尔顿把精心包装的小珠宝盒放在母亲的膝头上。母亲打开了盒子。

"哇!"大家惊叫了起来。

母亲惊呆了，她不禁热泪盈眶，捂着脸跑回房间里。希尔顿愣住了，他说："我做错什么了吗?"

"很难说，"卡尔说，"或许她太高兴了！等会儿看她会不会戴上胸针去睡觉就知道了。"

可是母亲却没有佩戴它。后来，不论什么场合，上教堂或是参加宴会，母亲从来都没有戴过。希尔顿很失望，他问母亲是否喜欢他送的礼物，母亲回答："我很喜欢！比以前别人送给我的任何礼物都好，我会珍藏起来的。但我恐怕不会戴它，因为对于我这个年纪的女人来说，这……唔，太华丽了!"

她真的这样做了，26年里精心珍藏着它，却没有戴过一次。

送一份礼物给父母吧，来表达你的孝心！哪怕是生活中非常简单的物品，送给父母，他们也会接受的。有些东西父母并非买不起，但通过儿女赠送，意义就不同了。父母会爱不释手，视其为珍宝加以珍藏，而珍藏的便是儿女的孝心！

关注父母的生活

二月间的日本东北地区，户外寒风刺骨，在税务所供职的小林先生迟迟不愿出门公干。他并非惧怕寒冷，而是不想去木村家催收税款。他知道，经营紫菜店的木村先生年纪大，小孩又多，生活异常困苦，已无法按时缴纳税金。

但出于责任感，小林还是冒着凛冽的北风来到了木村的紫菜店。店里的人都不在，他估计他们到江湾去采紫菜了。小林沿着堤岸来到江湾，果然看见木村一家人在那里。年老的木村夫妇赤足泡在海水里，正忙着采摘紫菜。不但如此，连4个上小学的女儿也都挽起衣袖，不惜裸露嫩白的手臂浸在海水中。

心地善良的小林想：“这样寒冷的天气，这样辛苦地工作着，还交不起税金，实在太可怜了。”见此情景，小林竟不忍走过去催交税金了。

“不管怎样美丽的手，那样每天泡在冰冷的海水里，不粗糙才怪呢！市面上有长筒胶鞋，但为什么没有长筒胶手套呢？母亲那双每天用冷水洗衣洗菜的手，也一定很痛吧？”在回家的路上，小林想到了这样一连串问题。“难道不能发明一种防水手套吗？”

勤于思考的小林捕捉到了发明创造的灵感。他开始阅读有关书籍，研究制造防水手套的方案。经过一系列思考和实验，小林终于用模具反复浸胶后剥离薄膜的方法制作出方便实用的防水手套。

从此，小林的妈妈和木村家的女儿不用再将双手直接浸泡在冷水中了，他心中甚感宽慰。后来，他的发明被三兴化学公司看中，很快被商品化为畅销商品。富有同情心与孝心的小林获得了一笔为数可观的专利转让费。

看见别人的苦难，想起自己母亲的苦难，从而有了发明防水手套的灵感，可见这是寄托孝心的一项非常有意义的发明，洋溢着人性的光辉。虽然不可能人人去搞发明，但我们没有任何借口不去关注父母的生活。我们要多了解他们有什么困难，主动地去帮助他们。

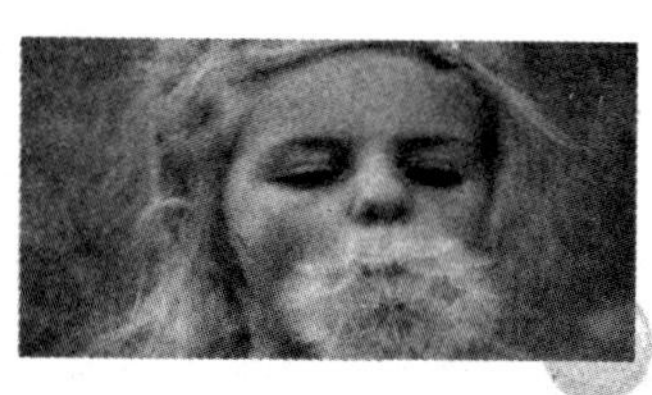

第二辑

人生当知足，知足便是福

——心有舍得，从容一生

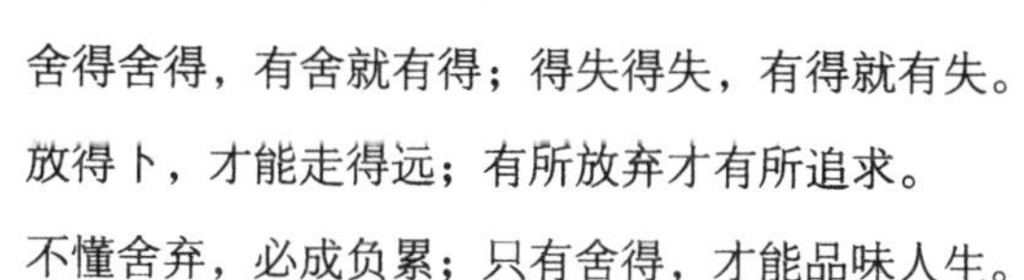

舍得舍得，有舍就有得；得失得失，有得就有失。

放得下，才能走得远；有所放弃才有所追求。

不懂舍弃，必成负累；只有舍得，才能品味人生。

第四章　选择与放弃决定着你的人生

当你紧握双手，里面什么也没有；当你打开双手，世界就在你手中。懂得放弃，才能在有限的生命里活得充实、丰盈！

有离开，才有未来

在夏日枯旱的非洲大陆上，一群饥饿的鳄鱼被困在了一个水源快要断绝的池塘中，较强壮的鳄鱼已经开始吃弱小的同类了。

就在大家都不知所措的时候，一只瘦弱勇敢的小鳄鱼却起身离开了快要干涸的水塘，迈向未知的大地。干旱持续着，池塘中的水越来越混浊，越来越稀少，最强壮的鳄鱼已经吃掉了不少同类，剩下的鳄鱼看来也是难逃被吞食的命运。虽然情况越来越危险，但是却不见有第二只鳄鱼离开，也许它们认为栖身在混水中，等待迟早被吃掉的命运，似乎总比离开、走向完全不知在何处的水源还安全些。

池塘终于完全干涸了，唯一剩下的大鳄鱼也不耐饥渴地死去，它到死还守着它残暴的“王国”。

这时，人们势必要问，那只勇敢离开的小鳄鱼怎么样呢?

经过多天的跋涉，幸运的是小鳄鱼并没有死在半途上，而是在干旱的大地上，找到了一处水草丰美的绿洲。

原来物竞天择，未必强者生存。小鳄鱼有运气，但它运气的开始就在于它懂得选择离开，证明了只有懂得放弃才能有更好的未来。

这则《动物世界》纪录片，让我想起多年前一个好朋友的遭遇，她在原来工作单位屡屡受到一位资深同事的排挤，使她很难有所表现，最后她毅然决定离开原来的公司，从自由推销商品到成立自己小小的公司，几年下来的她如今已拥有一家颇具规模的公司，年收入是当初薪水的好几十倍。而当初排挤她的人却因公司经营不善倒闭了而失业。

这个朋友说，她一直很感激当初大力压制她的人，她说那个人给了她一个机会让她“到别处去寻找梦想”。

人生就是这样，勇于竞争做强者的人未必一定赢得最后的比赛，反而是能够自我调整、改变、开拓创新的人更能适应环境并生存下来。重要的是要保有梦想，如果在某个地方实现不了自己的梦想，那么就换个地方吧！只要懂得到别处找梦想，你就将拥有海阔天空的生活。

得到的代价

有一个国王作为一国之主，他拥有无数的土地和满仓库的金银财宝，可是他仍然觉得不满足，常常不高兴，或者整天闷闷不乐。

一天晚上，国王在梦中遇到了一位仙子。

仙子问国王："国王，您已经有了这么多的财宝和土地，为什么还整天忧郁呢?"

国王感叹道："我拥有这些财宝怎么够呢？每当国内要举办什么盛大的宴会，我都要精打细算，要不然，钱早花光了。没有了钱，我就什么都没有了。没有了钱，我还能干什么啊?"

仙子见国王如此爱钱，便说道："好吧，我的国王，既然您这么爱钱，我可以给您一个金手指，这样，无论您触摸到什么东西，那东西都会变成金的，不过……"没等仙子说完，国王便急不可待地说道："真的吗？你真的会给我那么好的东西吗?那真是太好了，到那时我就是天下最快乐的人了。真的，如果得了这个金手指，我就会有用不完的钱财了，哈哈……"

说到做到，仙子就把国王的手指变成了金手指。第二天，国王醒来后，本来以为仙子所说的事情只不过是自己做的一个梦，可当他不经意地触摸到桌子、椅子、墙壁等任何东西的时候，那些东西果真都变成了金子，国王惊喜不已。

"哇！真是太棒了！我将成为全天下最富有的人了!"国王欢快地叫着。这时，他的女儿闻声跑来了，好奇地问道："父王，什么事让您这么高兴啊?"

国王高兴地抱起女儿，正准备告诉她这个好消息时，哪知，刹那间，他的女儿变成了金的。

"啊，我的天，这是什么浑蛋手指，居然把我的女儿也变成了金的！天哪，我亲爱的女儿啊!"国王抱着女儿失声痛哭。

随后，国王又走到餐厅，满桌的佳肴让他垂涎欲滴。可他刚一接触到那些食物，食物就立刻变成了金子做的。

此时此刻的国王是又饥又渴，还失去了心爱的女儿，他感到非常的痛苦和后悔，恨自己当初不该要这个金手指。国王越想越后悔，忍不住捶胸号哭起来，可是就在那一刹那间，国王把他自己也变成了一个没有生命的金人。

“得到并非都有意义。”请记住这句话。得到是要付出代价的，甚至失去的更多。像国王这样，为了满足自己的贪欲而得到的金手指，便让他付出了惨痛的代价。所以，我们很有必要做出放弃的选择，舍得才能赢得人生的快乐。

因为失去，得到幸福

国王有7个女儿，这7位美丽的公主是国王最大的骄傲。她们都拥有乌黑秀丽的长发，她们的美丽国人皆知。国王送给每个女儿100个漂亮的发夹。

有一天早上，大公主醒来，一如往常地用发夹整理自己的秀发，却发现少了一个发夹。为了不影响自己的美丽，她偷偷地到二公主的房里，拿走二公主的一个发夹。二公主发现少了一个发夹，和大公主一样，她到三公主房里拿走三公主的一个发夹。三公主发现少了一个发夹，也偷偷地拿走了四公主的一个发夹。四公主如法炮制拿走了五公主的发夹。五公主一样拿走了六公主的发夹。六公主只好拿走七公主的发夹。

于是，七公主的发夹只剩下99个。

第二天，皇宫迎来了邻国一位英俊的王子，王子对国王说：“昨天我养的百灵鸟叼回了一个发夹，我想它一定是属于贵国的一位公主的，而这也真是一种奇妙的缘分，不知道是哪位公主掉了发夹?”

公主们听到了这件事，再看看英俊的王子，都在心里说：“是我掉的，是我掉的。”

可是六位公主的头上明明完整地别着100个发夹，她们因此都懊恼得很，都不敢说出事实的真相。只有七公主走出来说："我掉了一个发夹。"话才说完，一头漂亮的长发因为少了一个发夹，全部披散了下来，飘逸而充满高贵的气质。王子不由得看呆了。

故事的结局，当然是王子与公主从此一起过着幸福快乐的日子。

为什么一有缺憾就拼命去补足呢？正因为有缺憾，未来才有了无限的转机、无限的可能性，何尝不是一件值得期待和高兴的事!失去某个东西，有可能得到一份幸福！

不适合自己的东西，果断舍弃

人们常说，机遇总是眷顾有准备的人。然而，在自己的准备还不是太充分的时候，有个叫西蒙·拉特尔的音乐指挥家谢绝了机遇。因为他知道当自己的才能还不足以驾驭一艘巨轮的时候，为了一时的虚荣而担任船长，无异于亲自将它引向死亡之海。

当机遇再一次降临的时候，西蒙·拉特尔便毫不犹豫地迎了上去接住了它。此时的他坚信：世界上最卓越的交响乐团，也同样需要世界上最卓越的指挥！

1989 年，世界著名的指挥家赫伯特·冯·卡拉扬突然逝世，柏林爱乐乐团——这个世界上最著名的交响乐团在一夜之间失去了自己的当家人。卡拉扬逝世后，乐团匆忙地物色了英国的指挥家西蒙·拉特尔。当拉特尔在电话里听到自己将接替巨人卡拉扬的位置的消息时，既激动又惊愕，这可是全世界的人们都盯着的一个位置啊！然而，经过深思熟虑之后，他拒绝了这一邀请，放弃了成为世界第一指挥家的机会和荣耀，他回答说："柏林爱乐乐团以出色的古典音乐演奏而闻名于世，而我对于古典音乐这门神圣艺术的理解还不够透彻，自己也太年轻了。”对于西蒙·拉特尔放弃柏林爱乐乐团首席指挥宝座的举动，有人敬佩，但也有人说他怯懦，丢英国人的脸。对于这些，他只是付之一笑，不置一词。

在这之后的10年里，他每天都沉浸在古典音乐之中，用他那舞动的指挥棒赋予每个音符以神奇的魅力。他以自己对古典音乐不懈的追求和卓越的理解、以他炉火纯青的技艺和表现才能，再一次倾倒了全世界，也同样征服了柏林爱乐乐团。当卡拉扬的继任者克劳迪奥·阿巴多光荣退休之后，1999年6月，柏林爱乐乐团经过慎重的选择之后，再一次向西蒙·拉特尔发出了邀请。这一次他没有任何犹豫就下定了最后的决心，他对自己能胜任世界上最优秀的交响乐团的指挥充满自信。

如今正站在指挥之巅的拉特尔，并不仅仅只是柏林爱乐乐团的骄傲，也同样是英国的骄傲、全世界的骄傲。人们不得不承认：西蒙·拉特尔的两次选择都是聪明的。

有的东西虽然被别人看好，但却不适合自己。如果不切实际地去占有它，发生不必要的竞争，得到了也无益，还不如放弃它。人本来活着很累，又给自己增加负担，岂不是与自己过不去吗？放弃，等条件成熟后，实至名归，多好啊！

简单就是幸福

在热带丛林里，人们用一种奇特的狩猎方式捕捉猴子：把猴子特别爱吃的一种坚果放在一个坚固的盒子里面，在盒上开一个猴子的前爪刚够放进去的小口。猴子一旦抓住坚果，爪子就抽不出来了。人们用这种方法捕捉猴子非常奏效，因为猴子有一种习性，不肯放下已经到手的东西。

我们也许会嘲笑猴子很蠢！松开爪子不就仍然可以自由自在地活动了吗？但我们想想自己，看看身边的一些人，会发现其实人也常犯和猴子一样的错误。

一个旅游者请教同行的印度学者，这种捕捉猴子的方式，能说明当地人的生活理念吗？印度学者笑道：“不知道，但它可以给我们以启示，生命如舟。生命之舟载不动太多的物欲和虚荣。要想使之顺利到达彼岸，就只能轻载，只取必需的东西，把那些可放下的东西果断地放掉。”

旅游者明白过来，说：“少点儿盘算，生活简单就是幸福。”印度学者点头道：“可以假想一下自己的脑袋像一个塞满食物的冰箱，那么你就得盘算什么东西应该丢弃，否则，新东西就永远放不进来。不丢出去，有些东西还会在里面慢慢变坏；有些东西，丢了可惜，但放一辈子，也吃不了。”所谓的“人生观”，大概就是如何为自己的“冰箱”决定物品的去留问题吧！

生活中，人们盘算之际，有挣扎，有犹豫。所以，应该学会舍得。所谓人生的豁达，不过是自己能正确地处理去留和取舍的问题。丢掉一个即使没有它也不会对你产生多大影响的东西，你会对自己说，你可以做得比现在更好，还有更好的在等着我。

与人分享，才能安享

一天，小象在森林里溜达，走到一棵苹果树下时，忽然感到肚子很饿。

它抬头看看苹果树，发现树上的苹果全是青的。它不放弃，继续寻找，终于看到了一只红艳诱人的苹果！它想爬上树摘这只苹果，可怎么也爬不上去。它搬来了石头，站在上面，伸直它的长鼻子，仍然够不着。它的肚子越来越饿了，越来越没力气。不知过了多长时间，小象还坐在树下，思考如何才能摘到这只苹果。

好心的松鼠走了过来："小象，你在这儿干吗呢？"

"哦，不干什么。"小象说，"我只是坐在这儿晒太阳。"

小象本可以请松鼠替它摘苹果的，但是它太贪婪了，生怕松鼠提出与它分享。松鼠与小象寒暄几句后走了。小象的肚子饿得叫唤起来。这时兔子走了过来。

"小象，你坐在树下干什么？是不是病了？"兔子关心地问。

"不，"小象摇摇头，"我只是坐在这儿晒太阳呢。"

小象完全可以请兔子摘苹果的，谁都知道兔子善良，又是爬树的高手，但是小象还是想独享这个苹果。

兔子走后，小象饿得快受不了了。这一切正好被经过这里的黄鼠狼看到了。小象知道黄鼠狼的名声，不想把红苹果的事告诉它，但是不争气的肚皮让它思维失常。小象说："树上有一只红苹果，如果你替我摘下来，我愿意与你分享。"黄鼠狼笑着道："你等着。我去替你摘下来！"

好长一会儿后，黄鼠狼才从树上下来。"谢谢你让我看到了那只苹果，味道确实不错，又香又甜，好吃极了。"说完，黄鼠狼扬长而去，扔下小象傻站在那儿。

独吞独占是一种最危险的心理。贪婪者皆有追求最大利益之心，但是有些东西是一定要与别人分享的，要么得到半个苹果，要么连半个苹果都得不到，事情就是这么简单。

跳出贪婪的“米缸”

在一个青黄不接的春末，一只老鼠在仓库里觅食的时候意外地掉进了一个盛得半满的米缸。这飞来的口福使老鼠喜出望外，它先是警惕地环顾了一下四周，确定没有危险之后，接下来便是一通疯吃猛吃，吃完倒头便睡。

老鼠就这样在米缸中吃了睡，睡醒了再吃。日子不知不觉地在得来全不费功夫的悠闲中过去了。有时老鼠也曾为是否要跳出米缸进行过思想斗争与痛苦的抉择，但终究未能摆脱白花花的大米的诱惑。直到有一天它发现米缸见了底，惶恐起来，才发觉以大米现在的高度自己就是想跳出去，也没有这个能力了。

对于老鼠而言，这缸米就是一块试金石。如果它想全部据为己有，其代价就是自己的生命。因此，管理学家把老鼠能跳出缸外的高度称之为“生命的高度”。而这高度就掌握在老鼠自己的手里，它多留恋一天，多贪吃一寸，就离死亡更近一步。

为什么自己会产生贪婪心理？为什么会老想着守株待兔、不劳而获？为什么会对一些不现实的东西如此热衷？在反复的追问反思中，人才会走向成熟，也能明白舍得与舍不得的道理，跳出贪婪的“米缸”。

不做温室的花朵

从前有一个樵夫，他在山里打柴时，偶然间拾到一只样子很怪的鸟。那只怪鸟和刚满月的小鸡一样大小，还不会飞。樵夫看它可怜，就把它带回了家。樵夫的小儿子很喜欢这只怪鸟，于是樵夫就把它送给了自己的小儿子。小儿子很调皮，他将怪鸟放在鸡窝里，充当母鸡的孩子，让母鸡养育。母鸡没有发现这只外来的鸟跟自己的孩子有什么不同，于是也就全权负起一个作为母亲的责任。怪鸟一天天长大了，人们惊奇地发现那只怪鸟竟是一只鹰！

随着这只鹰越长越大，村子里的人们开始担心了，因为鹰毕竟是猛禽，人们生怕它会偷吃村子里的鸡。于是，为了保护自己家里的鸡，人们一致要求：要么杀了那只鹰，要么将它放生，让它永远也别回来。因为和鹰相处的时间长了，有感情，樵夫一家人自然舍不得杀它，他们决定将鹰放生，让它回归大自然。然而，他们用了许多办法都无法让鹰重返大自然。他们把鹰带到很远的地方放生，过不了几天那只鹰又回来了；他们驱赶它，不让它进家门；他们甚至将它打得遍体鳞伤……许多办法都试过了，均不奏效。最后他们终于明白：原来那只鹰舍不得的是它从小长大的环境，和樵夫家里温暖的鸡窝。

后来，村里的一位老人帮助樵夫解决了这个问题。老人将鹰带到附近一个最陡峭的悬崖绝壁旁，然后将鹰狠狠地向悬崖下的深涧扔去。那只鹰开始也如石头般向下坠去，然而快要到涧底时它终于展开双翅托住了身体，开始缓缓滑翔，然后轻轻拍了拍翅膀，飞向蔚蓝的天空。它越飞越高，越飞越远，渐渐变成了一个小黑点，飞出了人们的视野。在这飞翔的过程中，这只鹰终于找回了自己的本性，舍弃了那原本不属于它的温暖的家永远地飞走了，再也没有回来。

其实我们每个人又何尝不像那只鹰一样，总是对拥有的东西不舍得放弃，对舒适安稳的生活恋恋不舍。我们就像温室里的花朵，养尊处优，安逸舒适，却永难突破自己。一旦危机来临，我们便会因力量不足，而陷入困境。因此，一个人要想防患于未然，要想让自己的人生有所突破，就必须懂得放弃一些我们认为很珍贵的东西，去实现自己更高的理想。

世界不止一扇门

这一天，49 岁的伯尼·马库斯像往常一样，拎着心爱的公文包去公司上班。在 20 多年的职业生涯中，他勤勤恳恳、兢兢业业，现在终于坐到了职业经理人的位置上，而其中的艰辛和困苦，领导和同事都是有目共睹的。他只要再这样工作 11 年，就可以安安稳稳地拿到退休金了。可是，他万万没有想到，这一天却是他在公司工作的最后一天。

“你被解雇了!”老板说。

“为什么?是我做错了什么吗?”他惊讶而疑惑地问。

“不，你没有做错任何事情，公司发展不景气，董事会决定裁员，仅此而已。”

是的，仅此而已。就是这一句话让他一夜之间，从一位受人尊敬的公司经理成了一名在街头流浪的失业者。

和所有的失业者一样，沉重的家庭开支迫使伯尼·马库斯必须找到一份新的工作。那段日子，他常常光顾洛杉矶一家街头咖啡店，为了化解内心的痛苦、迷茫和巨大的精神压力，他在那里一坐就是几个小时。

有一天，他遇到了自己的老朋友——和他一样同是经理人现在也同样遭到解雇的亚瑟·布兰克。两个人互相安慰，一起寻求解决的办法。

“我们被人解雇，那为什么我们不自己创办一家公司呢?”亚瑟说。

这个提议如一道闪电一样，在伯尼·马库斯心中一闪，接着又像火苗一样点燃了他心中的激情和梦想。

于是，两个人就在这间咖啡店里，策划建立家居仓储公司，他们为企业制定了一份发展规划和一个“拥有最低价格、最优选择、最好服务”的制胜理念，并制定出一套使这一优秀理念在企业发展中得以成功实践的管理制度，然后就开始着手创办公司。当时是 1978 年春天。

两个被解雇的“难友”创办的美国家居仓储公司，仅仅 20 多年的时间，就发展成拥有 775 家店、16 万名员工、年销售额 300 亿美元的世界 500 强企业，成为全球零售业发展史上的一个奇迹。而奇迹始于 20 年前的一句话：你被解雇了!

是的，“你被解雇了”是很多人在工作中都不愿听到的一句话，但正是这句话，却改变了伯尼·马库斯和亚瑟·布兰克两个人的一生。如果不是被解雇，他们无论如何也不会想到要创办家居仓储公司；如果不是被解雇，他们无论如何也不会跻身世界 500 强；如果不是被解雇，他们俩后来只是靠每月领退休金度日的垂暮老人。

人生是一次长途旅行，当一扇门关闭了，你千万不要把自己也关在里面。你还可以选择另一扇门。因为世界上不止一扇门，一定还有另一扇门。你要做的是离开这扇门，去寻找并打开那扇门。

第五章　舍而不求得，却能柳成荫

舍是一种付出，得是一种回报，舍而不求得是大德。有心栽花花不开，无心插柳柳成荫，舍而求得时反不得，舍而不求得时反可得，不舍求得时更不得。

心中有爱终是福

一位夫人走到屋外，看见前院坐着三位长着又长又白胡须的老人。她并不认识他们，但依然十分友好地走过去对他们说："我想也许我们并不熟悉，但是我想知道你们是不是饿了，请进来吃点儿东西吧。"

"男主人在家吗?"老人们问。

"不在，"妇人回答，"他出去了。"

"那我们不能进去。"老人们说。

夫人转身回屋了。傍晚丈夫回家后，夫人将事情的经过告诉了他的丈夫"告诉他们我在家里了，请他们进来吧!"于是，夫人决定将三位老人请进屋内。

"我们不可以一起进一个房屋。"老人们说。

"为什么呢?"夫人感到迷惑不解。

其中一位老人指着身旁一位老人说："他的名字叫财富。"然后又指着另外一位老人说，“他是成功，而我是爱。”接着又补充说，“你现在进去和你丈夫商量一下，要我们其中的哪一位到你们家里去。”

夫人进去告诉了丈夫。丈夫非常兴奋地说：“那赶快邀请财富进来!”

夫人却表示了不同的意见：“亲爱的，为什么不邀请成功进来呢?”

他们的儿媳妇在屋内的另一个角落听到了他们谈话，这时跑出来提出自己的意见：“我想应该先邀请爱进来。”

丈夫思考了一下，对夫人说：“就照儿媳妇的意见吧!”于是，夫人又来到屋外，问道：“请问哪位是爱?”爱起身朝屋门走去。另外二位老人也跟着他一起进入屋内。夫人惊讶地问财富和成功：“我只邀请爱，怎么连你们也一道进来了呢?”

老人们齐声回答：“如果你邀请的是财富或成功，另外二人都不会跟进来，而你邀请爱的话，那么无论爱走到哪儿，我们都会跟随。”

只要人人都献出一点爱，世界将变成美好的人间。爱是人世间最最宝贵的东西，有了它，什么艰难，什么困苦，什么贫穷，什么负担，都不再是前进的阻力。

当生命遇上生命

每一例顺利抽得的骨髓，都是许多人用爱心、信心、耐心堆砌而成的。有 30 多年免疫遗传研究经验的李博士说起从事捐髓工作的经历时，眼眶红了。他说，曾经有工作人员站在捐髓者家门口整整 6 小时，才感动捐髓者的母亲开门，进去沟通，说服母亲支持女儿去捐髓。

工作人员总是把捐髓者当成自己的亲人看待，大到麻醉和抽髓医护成员的关照，捐髓者伤口和体力恢复情况，小到住院用的洗漱用品、拖鞋、鲜花、水果、用餐、文宣刊物、病房关怀和联络感情，大家都一同参与。到了捐髓者出院时，大家像一家人似的亲切。有一位十几年不孕，领养一个可爱小女孩的何美玲老师，在她捐髓不久后就怀孕了，产下一对双胞胎女儿。她寄来一张署名“你会讲中国话的女儿”的贺年卡，并附有她和 3 个女儿的合照，让李博士觉得好开心！有一位美丽的姑娘，在男朋友的陪伴下来医院准备捐髓。她的男朋友偷偷告诉李博士，女友平时最怕挨针头扎，每次抽血都会昏倒，但是为了救人，还是勇敢地依约前来。

有位杨女士捐髓时已经 54 岁，两个女儿、一个儿子都已长大成人。她心地善良，多次义务献血。听说与她血型配上对的受髓人是一名 10 岁儿童，她不顾亲友劝阻，毅然前往。她说：“我已经 54 岁了，人生的使用权已经让我用了 54 年，而那个孩子才 10 岁，大好人生正要展开，如果能拥有健康的身体，就可以善用人生。”面对苦劝她放弃的 83 岁老母亲关爱的目光，她说：“与其劝阻我，不如祝福我。”事后她认为捐髓救人，是一次美好的经历。

1971 年出生的许先生长得英俊潇洒，言谈温文谦恭，对人生充满自信与希望。得悉配型成功的消息后，他既高兴又害怕，毕竟要住院、全麻。当时还是女朋友的许太太支持他的义举。

一个青年的骨髓输进了一名 1 岁幼儿的体内。一年后，基金会举办“相见欢”活动，小孩没能参加，但打来电话。青年接过话筒，听到一个稚嫩的童音喊他“爸爸”，他一时愣住了，兴奋和激动使他久久答不上话来。事后，虽然不怎么联系，但祝福常在他的心中。每当与人谈起这段经历和因缘，他总是说：“没什么，我只是觉得自己做得到，也应该做，所以就去做了。我获得的比付出的还多。”

成都少年 2000 年 2 月幸运地接受了赖先生捐的骨髓，生命复活后的他写了一封信，托李博士转交赖叔叔。少年写道：“您和我本来不相识，却把最宝贵的东西给了我，这是连亲人也不见得办得到的，您真是‘不是亲人胜似亲人’！”这救命之髓，是李博士送到成都的。当少年的父母在机场见到李博士一行时，“咚”的一声双双跪倒，泣不成声。这场景让李博士受到心灵的震撼。

法国一位历史学家说过：“当生命遇上生命，会发出光芒，带上磁性。”无爱的世界只是一片冷寂的荒漠，活在这个世界里，生命得不到温暖。有爱，人类世界才会充满盎然生机；有人爱、能爱人，我们才能品尝到生之欢乐，才能有不竭的生之热情。

舍得去爱

有一个女孩到日本读预科班，准备两年后在日本考大学。她租的旧公寓到期后房东不肯续租，她只得重新找房子，可是找了很长时间也没找到。天气非常冷，她坐在川崎市新丸子车站哭了起来。

不知什么时候，身边出现了一位慈祥的日本老奶奶，老奶奶说：“孩子，你这么年轻，有什么伤心事一定会过去的。”女孩沉默了一会儿，最后还是忍不住把自己的处境向老奶奶诉说了。老奶奶听后却笑了笑说她可以帮助女孩，然后拉着女孩，一直走到了她的家里。不得已，女孩在这位独居老人家住了下来。女孩不久发现老人患有严重的糖尿病，便偷偷地为老人办了国民健康保险。当她把保险单交给老人时，老人感动得哭了起来。

老人的丈夫早年过世，她曾在车站捡到一个快冻死的婴儿，将其养大成人。可他长大后得知老人不是自己的生母竟然对她特别冷淡，以致老人一直很孤苦地独自生活着，并受疾病的折磨。与中国女孩住在一起，是老人最快乐的时光。女孩有一天将老人送到医院看病，结果发现老人的病已相当严重，眼底毛细血管破裂，马上会双目失明。在回家的车上，老人反而安慰女孩说："我一个孤老婆子，活与死对这个世界的意义都不大，不要紧。"

然而女孩不这么认为，她拿出了仅有的78万日元，坚持要给老人治病。她告诉老人，自己还年轻，钱可以再挣。老人答应了女孩，接受治疗。可是78万日元，治病远远不够，女孩便没日没夜地打工挣钱。2005年8月，老人病情恶化，她通过律师写了遗嘱。贫困的老人决定把她全部的、根本不叫财产的财产全给了中国女孩。当律师离开后，老人从脖子上摘下一条粗笨的铜项链，对女孩讲述了自己悲苦的一生，这条项链是她丈夫给她的，她丈夫出身贵族，是九条道孝的外孙、大正贞明皇后节子娘娘最小的外甥。老人不愿把项链给养子，因为他没有尽孝，很少关心过她的起居生活。讲完自己的人生经历与不幸后，老人说："孩子，收下这条项链吧。认识你，是老天对我最后的关照。谢谢你。"

两个月后，老人去世了。她的养子拒付母亲的住院费，理由是遗产的继承人应该承担债务。女孩没有与老人的养子进行争论，她与医院协商半年内还清债务，然后每天打工10个小时，还要读书，连续几个月每天只能睡3个小时，直到还清了债务。

几年后，女孩带着项链在东京一家最权威的古董店鉴定，店主端详半天后，认为这条老项链很可能铜皮里包裹了其他东西。这时，女孩想起了老人临终时说过的话："最珍贵的东西不要凭表面来判断。"老人难道是暗示什么？经女孩同意，项链被店主剖开了，铜皮里出现一颗硕大的钻石，大约3克拉大小，镶在圆形的白金座中。女孩和店主都惊呆了。店主在检测了钻石的纯度与色泽之后，对女孩说："小姐，恕我直言，你已经是一个相当富有的人了。”女孩潸然泪下，又想起了陪老人度过她生命最后时光的那些日子。

爱，是人类生存和社会发展最基本的精神力量，它能融化人的孤独感和分离感，它能使人与人温馨和睦相处，它能打破人与人心中的围墙，它是建立和谐人际关系的纽带。若要得到别人的爱，首先自己要懂得去爱。

爱人者，人必从而爱之

有一个老太婆一生从没做过利人的事，甚至举手之劳的事，也从不与人方便。她死后，魔鬼将她投入了火海中。天使却于心不忍，绞尽脑汁想将老太婆救出火海。于是，天使向魔鬼求情。

魔鬼说：“那你就拿根小绳把她从火海中拉出来吧。如果小绳不断她就可以进天堂，反之，她只能留在火海中。”

天使把小绳伸向老太婆。就在她快被拉上来时，火海中的其他人都朝她涌来，并抱住老太婆，希望被一起拉出火海。

老太婆边用脚踢开这些人，边喊：“走开，浑蛋们，这是我一个人的小绳，不是你们的！”

由于老太婆太自私，天使转而将小绳给予了别人，而老太婆则永远留在了火海里。

如果老太婆能够将小绳给予其他人，就可以脱离火海。墨子曾说：“爱人者，人必从而爱之；利人者，人必从而利之；害人者，人必从而害之。”

不给他人方便，自己也难有好结果。关心身边的人，你才不会被生活所抛弃，你的事业才可能一帆风顺。

你可能没有钱，但是，你能同别人分享你所拥有的一部分东西，你也能成为伟大事业的一部分，你也能在需要帮助的时候得到别人慷慨地给予。你最贵重的财产和最伟大的力量，常常是看不见和摸不着的，没有人能拿走它们，只有你才能支配它们。

爱人如己，以爱己之心爱人

在荷兰有个小渔村，人们靠出海打鱼为生。海上打鱼风险大，又非常辛苦。在一个月黑风高的晚上，暴风吹翻了一条渔船。在紧要关头，船民们发出了SOS的信号。

听到警讯后，村民们聚集在小镇广场中望着灯光闪烁的海港。当救援的划艇与汹涌的海浪搏斗时，村民们毫不懈怠地在海边举着灯笼，照亮渔民回家的路。

大概过了一个小时，救援船的身影出现，欢欣鼓舞的村民们立即跑上前去迎接。当船员驾着划艇筋疲力尽地抵达沙滩后，自愿救援队的队长告诉大家，救援艇无法载回所有的人，只得留下其中一个；再多装一个乘客，救援艇就会翻覆，所有的人都活不了。

在一片沉重的“嘘”声中，队长提出由另一队自愿救援者去搭救最后留下的人。

16岁的汉斯应声而出，报名参加。他的母亲抓着他的手臂说：“孩子，求求你不要去，你的父亲10年前在船难中丧生，你的哥哥保罗3个礼拜前才出海，现在音讯全无。汉斯，你是我唯一的依靠呀！”

汉斯回答：“妈，我必须去。如果每个人都说‘我不能去，总有别人去’，那会怎么样？”

汉斯说完吻了一下母亲，然后与队友一起消失在黑暗中。

又过了一个小时。对汉斯的母亲来说这一个小时比一年都漫长。终于，救援船驶过迷雾出现在灯笼昏暗的光线中，母亲看见汉斯正站在船头。

船长把手围成筒状，向汉斯叫道："你找到留下来的那个人了吗?"

汉斯大声回答："有，我们找到他了。告诉我妈，他是我哥保罗!"这时，岸上的母亲惊喜得泪流满面。

救他人，结果救出了自己的亲人，像这样的故事，也发生在中国。2008 年 5 月 12 日，四川汶川发生特大地震。在北川县城，一名志愿者立即和消防员一起抢救被困人员。15 日，消防员将一名被困在幼儿园废墟中的小男孩救出来。男孩伤势较轻，只是眼角有点儿擦伤。他看到解放军战士后，叫着"警察叔叔"，望着对自己进行简单救治的护士喊"阿姨"。这时，这位志愿者感到叫喊声非常熟悉，扭头一看，果真是自己的儿子，禁不住泪水滚滚而下，喊："儿子!"男孩迅速回应道："爸爸——"

见到这一幕，人们又感动又欣慰。这位志愿者在自己的孩子生死未卜的情况下，毅然参加求援行动。他说："我作为一名志愿者在这儿，就会觉得自己跟孩子在一起，帮助了别人就是在救我自己的孩子。"

舍得、舍得，有舍才能得。一个人如果只能爱己而不能爱人，那只能是一种低层次的狭隘的爱；人只有做到爱人如己，以爱己之心爱人，才算有了爱人之德。以爱己之心爱人则是人间大爱。

在获取之前，先学会付出

有一个年轻人在沙漠中穿行，遇到暴风，迷失了方向。苦苦地走了两天后，火燎般的干渴几乎摧毁了他生存的意志。抬眼望去，沙漠仿佛是一座极大的火炉，要蒸干他周身的血液。就在他非常绝望的时候，却意外地发现了一个废弃的小屋。他拼尽了最后的气力，才拖着疲惫不堪的身子，爬进堆满枯木的小屋。他定睛一看，枯木中隐藏着一架抽水机，立刻兴奋起来，拨开枯木，上前汲水。可是折腾了好大一阵子，也没能抽出半滴水来。绝望再一次袭上心头，他颓然坐地。猛然间，他看见抽水机旁有个小瓶子，瓶口用软木塞堵着，瓶上贴了一张泛黄的纸条。上边写着："你必须用水灌入抽水机才能引水！不要忘了，在你离开前，请再将瓶子里的水装满！"

年轻人拔开瓶塞，望着满瓶救命的水，早已干渴的内心立刻爆发了一场生死决择："我只要将瓶里的水喝掉，虽然能不能活着走出沙漠还很难说，但起码能活着走出这间屋子！倘若把瓶中唯一救命的水，倒入抽水机内，或者能得到更多的水，但万一汲不上水，我恐怕连这间小屋也走不出去了……"最后，他决定把整瓶的水，全部灌入那架破旧不堪的抽水机里，接着用颤抖的双手开始汲水……水真的涌了出来！他痛痛快快地喝了一顿，然后把瓶子装满水，用软木塞封好，又在那泛黄的纸条后面写上："相信我，真的有用。"

几天后，年轻的旅行者终于穿过沙漠，来到绿洲。每当回忆起这段生死历程，他总要告诫后人：在取得之前，要先学会付出。

"在获取之前，先学会付出。"这个道理或许听来很是平常，但真要"学会付出"，恐怕也不是每个人都能做到的。让高尚的品德和人生的智慧都迸射出来吧，"先学会付出"，让成功就从这里开始！

分享的快乐，就像含在口中的棉花糖

有一个女孩，她的父亲是数学老师。有一天，父亲在外面吃喜酒，回来时带回了一些糖果给女孩。女孩拿出一颗正要剥开来吃，父亲叫住了她。父亲从糖果包里数出 17 颗，一颗一颗地摆在桌面上。他要女儿将这 17 颗糖果分成三份，第一份是桌上糖果的 1/2，第二份是 1/3，第三份是 1/9。这下可把女孩难坏了。17 不能被 2、3 和 9 整除，怎么也不可能按父亲的要求分开呀。她急得抓耳挠腮，半天过去还是无计可施。

父亲见此情景，在一旁叹了一口气，然后说：“要是有 18 颗糖果就好分了。”女孩还不算太笨，一听这话，知道是父亲在提醒自己，赶紧把那颗还没来得及吃的糖果拿出来，凑成了 18 颗。难题迎刃而解。

父亲笑了笑，对女儿说：“孩子，这下你应该知道了吧，解这道题的关键是你必须舍得。你要是舍不得把手里的糖果拿出来，你是永远不可能解开这道题的；你要是舍得，你就能很容易地解开这道题。解题是如此，与人相处何尝不是如此呢？孩子，你要记住，人生也是一道道难题，为了解它，时时处处你都必须舍得。”

这个分糖的启示对女孩的成长影响很大。女孩后来所经历的许许多多的事终于让她真正懂得了父亲的那番话：舍得拿出自己的快乐，一份快乐会变成好多好多的快乐；舍得拿出自己的真诚，遇到的将是与自己坦诚相待的人；舍得拿出微笑，回报自己的都是一张张笑脸；舍得拿出信任，身旁的朋友总是很多很多；舍得拿出爱，满眼看到的都是爱的风景。

糖是甜的，要舍得与人分享。做人到底拥有多少成功和快乐，这要取决于我们到底付出了多少爱，又有多少人在爱着我们。做人最博大的自由是爱；做人最富有的财产也是爱。爱的成就无限宽广，因为它能到达一切才智难以到达的心灵彼岸。

“失”背后的“得”

在过去，山里有一位挑水夫，他将扁担的两头分别吊着一只水桶，其中一个桶子有裂缝，另一个则完好无损。在每趟长途的挑运之后，完好无损的桶子都能给主人带来满满的一桶水，但是有裂缝的桶子到达主人家时，却只能剩下半桶水。

挑水夫就这样每天挑一桶半的水到主人家。挑水夫是不是很傻？我们先来看两只桶子是怎样看待这件事的。好桶子对自己所起的作用感到很自豪；破桶子则对于自己的缺陷感到非常羞愧，它为自己只能担负起一半责任而感到非常难过。

饱尝了两年失败的苦楚，破桶子终于忍不住，在小溪旁对挑水夫说：“我很惭愧，我觉得我应该向你道歉。”“为什么呢?”挑水夫问道，“你为什么觉得惭愧?”“过去两年，因为水从我这边一路跑漏，每次到主人家就只剩下半桶水，我的缺陷让你做了全部的工作，却只收到一半的成果。”破桶子愧疚地说。挑水夫听到这话，竟替破桶子感到难过，他说：“这次我们回主人家的路上，你要仔细看一下路旁盛开的鲜花。”

挑水夫挑着水走呀走，走在山坡上。破桶子眼前一亮，只见缤纷的花朵开满了路的一旁。这些美丽的花朵沐浴在温暖的阳光之下，这景象使它开心了很多！但是，走到小路的尽头，它又难受了，因为一半的水又在路上漏掉了！破桶子再次向挑水夫道歉。

挑水夫温和地说：“你难道没有注意到小路的两旁，只有你的那一边有花，而好桶子的那一边却没有吗？我当然知道你有缺陷，因此我更要善加利用，在你那边的路旁撒了花种，每回我从溪边回来，你就替我一路浇了花！

两年来，这些美丽的花朵装饰了主人的餐桌。如果你不是这个样子，主人的餐桌上也没有这么好看的花朵了，你同样也为主人作了贡献!”

有所失才有所得，学会换个角度看问题。好的桶子为主人带来整桶水，破的桶子虽然只能为主人剩下半桶水，但破桶子却间接地给挑水夫带来了快乐，为主人的餐桌装饰作了贡献，看似失去了但最终还是得到了。

施比受更有福

这年圣诞节，保罗得到了一辆新车，是哥哥送给他的。圣诞节当天，保罗离开办公室时，一个男孩绕着他那辆闪闪发亮的新车，十分赞叹地问：“先生，这是你的车?”

保罗点点头：“这是我哥哥送给我的圣诞节礼物。”

男孩满脸惊讶，支支吾吾地说：“你是说这是你哥哥送的礼物，没花你半毛钱?我也好希望能……”

保罗以为男孩是希望能有个送他车子的哥哥，但接下来听男孩说的话却使他感到特别震撼。

“我希望自己能成为送车给弟弟的哥哥。”男孩说。

保罗惊愕地看着男孩，几秒钟后，他邀请道：“你要不要坐我的车去兜风，朋友?”

男孩答应了，兴高采烈地坐上车。保罗绕了一段路之后，听见男孩兴奋地说：“先生，你能不能把车子开到我家门前?”

保罗笑了笑，他心想男孩必定是要向邻居炫耀，让大家知道他坐了一部大车子回家。

可保罗这次又猜错了。“你能不能把车子停在那两个阶梯前?”男孩继续要求。保罗按男孩的要求做了。

男孩下车跑上了阶梯。过了一会儿，保罗听到男孩回来的声音，但动作似乎有些缓慢。原来他带着跛脚的弟弟出来，将他安置在台阶上，紧紧地抱着他，指着保罗的新车。

男孩告诉弟弟：“你看，这就是我刚才在楼上告诉你的那辆新车。这是保罗他哥哥送给他的哦！将来我也会送给你一辆像这样的车，到那时候你便能去看看那些挂在窗口的圣诞节漂亮饰品了。”

保罗走下车子，将跛脚男孩抱到车子的前座。满眼闪亮的大男孩也爬上车子，坐在弟弟的旁边。就这样他们三人开始了一次令人难忘的假日兜风。

在这个圣诞夜中，保罗才真正体会耶稣所说的“施比受更有福”的道理。

爱是一种活动的情感，不是静止的物体。爱是我们生活中一种很特殊的经验，要想拥有它，最佳办法是把它给予别人。诚如法国哲学家居友所说：“我们每个人都有很多的同情、很多的爱心，比维持我们生存所需要的多得多，我们应该把它施舍给别人，这就是生命之花。”

让自己的生命为他人开一朵花

鲁本拥有一架自己的小型飞机。一天，鲁本和好友塞莱尔以及另外 4 个人，乘自己的小飞机飞过一个人迹罕至的海峡。

鲁本驾驶飞机，伙伴们尽情地说说笑笑享受着，不知不觉中他们已经飞行了两个半小时，再有40分钟，大家就可以到达目的地了。忽然，鲁本发现仪表显示，飞机上的油料不多了。觉得不可思议的鲁本判断一定是油箱漏油了。因为起飞前，自己给油箱是加满了油的。

鲁本将这个不幸的消息传达给大家，刚才还兴致很高的伙伴们一阵惊慌，于是，鲁本安慰他们说："不用担心的啦，飞机上备有降落伞！"说着，鲁本将操纵杆交给他们5个人里唯一会开飞机的塞莱尔，自己走向机尾拿来了降落伞。

鲁本给每个人发了一顶降落伞后，在塞莱尔身边也放下了一个装有降落伞的袋子。他说："塞莱尔，我的好兄弟，我带领着大家先跳下去，你要开好飞机，坚持到适当的时候再跳吧。"说着，鲁本带领其他4个人跳了下去。

"大胆地向前开！"塞莱尔听见了鲁本跳下去时的喊声。飞机上就剩塞莱尔一个人了。不一会儿，仪表显示油料已尽，飞机只能靠滑翔无声地向前飞，塞莱尔决定自己也要用降落伞跳下去了。于是，他一手扳紧操纵杆，一手抓过来降落伞包。塞莱尔大吃一惊，包里没有降落伞，是一包鲁本的旧衣服而已！

脸色煞白的塞莱尔咬牙大骂鲁本。没有降落伞可用，没有油料，仅仅靠滑翔，飞机是飞不到目的地的。塞莱尔急得浑身冒汗，现在只好使尽浑身解数，往前能开多远算多远了。

小飞机无声无息地朝前飘着，往下降着，与海面距离越来越近。

就在塞莱尔彻底绝望的时候，奇迹出现在了眼前。塞莱尔看见了一片海岸，他大喜，用力猛拉操纵杆，飞机贴着海面冲了过去，"嗵"的一声巨响中，飞机撞落在了松软的海滩上，塞莱尔晕了过去。

半个月后，塞莱尔拎着那个装着旧衣服的伞包，回到他和鲁本所居住的小镇。来到鲁本的家门外，塞莱尔发出了狮子般的怒吼："鲁本，你这个没有良心的家伙，你给我滚出来。"鲁本的妻子和两个孩子跑了出来，大家一齐问他发生了什么事情。塞莱尔很生气地讲了事情的经过，并抖动着那个包，大声地说：“看，他就是用这东西骗我的！他没想到我没有死，真是老天保佑！”

这时候，鲁本的妻子说：“他一直没有回来啊。”孩子们认真地翻查着那个包。旧衣服被倒出来后，鲁本的妻子从包底里找到了一张纸片。她只看了一眼，就大哭起来。塞莱尔一愣，拿过纸片来看。只见纸上有两行极潦草的字，写的是：“塞莱尔，我的好兄弟，机下是鲨鱼区，跳下去必死无疑。但不跳，没油的飞机会不堪重负，很快坠海。我带他们跳下后，飞机减轻了重量，就一定能够滑翔过去的。你大胆地向前开吧，你会成功的！”

“这是鲁本的笔迹。”塞莱尔喃喃自语地瘫坐在了地上。

让自己的生命为他人开一朵花，为他人灿烂一份心境，增加一片温馨，添一份生存下来的理由，多一点生活下去的借口，就是提升自己的生存质量；用自己的心为他人做圃，为他人吐一片绿荫，染一片色彩，就是对自己的人生喝彩。能为别人开花的心是善良的心，能为别人生活绚丽而付出的人是不寻常的人，这类人必定有崇高的精神，有高尚的品格，有天使般的心灵。

每人活 50 年

一个男孩与自己的妹妹相依为命。父母早逝，妹妹是他唯一的亲人。平日里男孩爱妹妹胜过爱自己。可是，灾难再一次降临在这两个不幸的孩子身上——妹妹染上重病，需要输血。医院的血液太昂贵，男孩没有钱支付费用，尽管医院已免去了手术费，但不输血妹妹仍会死去。

作为妹妹的亲人，男孩的血型和妹妹相符。医生问男孩是否有勇气承受抽血时的疼痛。男孩一开始有些犹豫，毕竟他才 10 岁，他经过一番思考，跑到医生跟前，说：“我愿意。”

抽血时，男孩安静地不发出一丝声响，只是向着邻床上的妹妹微笑。抽血完毕后，男孩声音颤抖地问：“医生，我还能活多长时间？”

医生正想笑男孩的无知，但转念间又被男孩的勇敢震撼了：在男孩的意识中，认为输血会失去生命，但他仍然肯输血给妹妹。在那一瞬间，男孩所作出的决定是付出了生命的勇敢，并下定了死亡的决心。

医生的手心渗出汗，他紧握着男孩的手说：“放心吧，你不会死的。输血不会丢掉生命。”

男孩眼中放出了光彩：“真的？那我还能活多少年？”

医生微笑着，充满爱心地说：“你能活到100岁，小伙子，你很健康！”男孩高兴得又蹦又跳。他确认自己真的没事时，就又挽起胳膊——刚才被抽血的胳膊，昂起头，郑重其事地对医生说：“那就把我的血抽一半给妹妹吧，我们两个每人活50年！”

医护人员还有其他病人都震惊了！这不是孩子无心的承诺，这是人类最无私、最纯真的诺言。

真诚可表现天地之真，充实天地之美，完成天地之善。有了真诚，才有真正的勇气去付出，才能真正做到舍。有了真诚和勇气，才能体现出人之所以为人，人性之所以高尚的原因。

第六章　淡泊于心，从容于行

世界繁华无限，欲望丛生。生命如花，淡泊如清茶。为自己的欲望设定底线，控制住自己的欲望，唯有淡泊的心才能在岁月间从容行走。平淡生活，不忧不惧，心轻如云。

为欲望设定底线

因为工作的缘故，罗瑞每年都要去美国。罗瑞曾遇到一对夫妇，大儿子12岁生日，父母送给他一台割草机作礼物，儿子用它为邻居修剪草坪赚了380美元，他用这笔钱买了耐克公司的股票，不到半个月就赚了100美元。9岁的弟弟受他影响，用自己送报赚的钱也买股票。这件事对罗瑞的启发很大。罗瑞不否认中国的基础教育好，但美国的教育更有针对性和实用性。他决定中西合璧，对女儿进行财商教育。

国庆长假，罗瑞带女儿凯丽去看画展，旁边展厅正举行拍卖会。罗瑞灵机一动，没有过多时间思考，也没有回旋余地。罗瑞向凯丽简单讲解一下竞拍规则，然后带她去参加。

凯丽选了一位音乐家收藏的塔罗牌，她很崇拜那位音乐家。罗瑞告诉她："这种塔罗牌正常售价30元，因为是收藏品，有感情和历史，你愿意为你的感情和它的历史多支付多少呢？”凯丽想了想，说愿意付120元。罗瑞说："那好，120元加上原来售价30元，就是你的最高出价，也是底线，超过这个数字，你就要放弃。”

随着拍卖师槌声响起，竞拍开始了。凯丽开始举牌，罗瑞坐在她旁边，感觉出她很紧张，生怕别人和她竞价。罗瑞环视了一下周围，竞拍者还不少，对手并没因为她是孩子而放弃。时间过去不久，加价到了120元了，凯丽有些失望了，她小声嘀咕了一句："完了，快到了！"

罗瑞一听，坏了，把自己的底牌亮出来，这是拍卖中最忌讳的。罗瑞用胳膊肘碰了她一下，她意识到自己说错话了，但已无力挽回。塔罗牌一路上涨，冲过150元的底线，凯丽再一次准备举牌，但这时，她想到爸爸所说的底线，于是只好放弃了这一举动。最终，塔罗牌以200元的竞价，落在凯丽隔壁座位的一个商人手里。

走出拍卖厅，凯丽情绪很低落。罗瑞安慰女儿道："输了不要紧，关键要知道输在什么地方。你今天犯了一个致命的错误，就是不该说那句话，把底牌亮给人家，这是商场大忌。你虽然没得到那副塔罗牌，但你今天学到的东西比这副牌更有价值。”爸爸的劝导让凯丽放松了心情。

就在这时，得到塔罗牌的那位商人，冲凯丽打招呼并走了过来。商人有点激动地递上塔罗牌说："孩子，你才是今天的赢家。”凯丽疑惑了，商人笑着说道："虽然，你不小心露了自己的底线。但是，人的欲望是无止境的，你今天控制住了欲望的底线，这让我很佩服。”

1000个人就有1000种喜好、1000种厌恶、1000个不同的“底线”。很多人失败就是没控制好底线，成了欲望的奴隶。因此，想要成功，请先学会为欲望设定底线，并控制住自己的欲望。

不为失去而悲

安徒生童话中有这样一个故事：

在法国的乡下，住着一对老夫妇，他们老来无子，日子过得很清贫。有一天，他们想把家中唯一值点钱的一匹马拉到市场上去换点更有用的东西，因为他们再也干不动力气活了，要马也没有用。

于是，老头子牵着马去赶集了。老头子先与人换得一头母牛，又用母牛去换了一只羊，再用羊换来一只肥鹅，又把鹅换了母鸡，最后用母鸡换了别人的一大袋烂苹果。老头子为什么要这么换呢？因为在每次交换的时候，他都想要拿换来的东西给自己的老伴一个惊喜。

当老头子扛着那一大袋子烂苹果来到一家小酒店歇息时，遇上两个英国人。闲聊中，老头子谈了自己赶集的经过。

两个英国人听后，哈哈大笑，说："你可真是个傻老头，你老糊涂了吧！你这么换，回去以后准得挨老婆子一顿揍。"

老头子坚称绝对不会，英国人就用一袋金币打赌。于是，两个英国人跟着老头子一起回到了家中。老太婆见老头子回来了，非常高兴，她兴奋地听着老头子讲赶集的经过。每听老头子讲到用一种东西换了另一种东西时，她都充满了对老头子的钦佩。

她嘴里不时地说着："哦，我们有牛奶喝了！"

"羊奶也不错。"

"哦，鹅毛真漂亮呀！"

“啊，这回我们有鸡蛋吃了！我早就想吃鸡蛋了！”

最后，听到老头子背回一袋已经开始腐烂的苹果时，老婆子同样没有发怒，而是亲了老头子一下，大声说：“我们今晚就可以吃到香甜的苹果馅饼了！”

结果，这两个瞠目结舌的英国人输掉了整整一袋金币。

一位哲人曾说：“聪明的人永远不会坐在那里为他们的损失而悲伤，而会很高兴地找出办法弥补他们的创伤。”我们在生活中也会经常失去某种东西，这时如果能像童话中的老太婆那样用豁达的胸襟去对待，那么，生活中的烦恼就会少之又少。安徒生之所以写下这篇童话，就是为了告诫世人：不要为失去的一匹马而惋惜或抱怨生活。既然有一袋烂苹果，就做一些苹果馅饼好了，这样生活才能妙趣横生、和美幸福。如果一味惋惜、抱怨，既换不回失去的东西，又伤自己的身心。因此，乐于接受已经发生的事，是一种生活的智慧。

快乐由心

终南山麓，水清草美。据说这一带出产一种快乐藤，凡是得到这种藤的人，一定，笑逐颜开，不知道烦恼为何物。

曾经有一个人，为了得到不尽的快乐，不惜跋山涉水，去找这种藤。他历尽千辛万苦，终于在险峻的山崖上，找到了快乐藤。可是，他虽然得到这种藤，却发现自己并没有得到预想中的快乐，反而感到一种空虚和失落。

这天晚上，他在山上一位老人的屋中借宿，面对皎洁的月光，他发出了一声长长的叹息。

老人闻声而至，问他：“年轻人，什么事让你如此忧愁?”

于是，他说出了心中的疑问：为什么已经得到快乐藤的自己，却没有得到快乐呢?

老人一听就乐了，说：“其实，快乐藤并非终南山的特产，每个人心中都有一根快乐藤呢！快乐藤之所以能让人感觉快乐，是因为它长着快乐根。只要你有快乐的根，无论走到天涯海角，都能够得到快乐。”

这个年轻人好像从老人的话中悟到了什么，于是追问道：“什么是快乐的根呢?”

老人意味深长地说：“心就是快乐的根。”

一个人快乐与否，不在于他拥有什么，而在于他怎样看待自己所拥有的。快乐是一种积极的生活态度，谁都无法让我们无忧无虑地生活，唯有苦中作乐才能战胜忧愁，享受快乐，而快乐的根恰恰就在我们自己的心里。

幸福藏在心里

据说，在很久很久以前，人类是没有任何快乐和幸福可言的。虽然人类一直在寻找快乐，但总是没有结果。为什么会出现这种局面呢？原来，这是上帝在造人时，与天使们商议的结果。

“我除了赐予人类智慧之外，还想给予他们快乐。但是你们知道，快乐比智慧重要得多，这样重要的东西，我不能让他们轻而易举地得到，太容易得到的东西，他们就不会好好珍惜了。可是，我们把人生幸福快乐的秘密藏在什么地方比较好呢？”

“把它藏在高山上，这样人类肯定很难发现，非得付出很多努力不可。”管理天空的天使说。

上帝听了摇摇头。

“把它藏在大海深处，人类一定发现不了。”管理海洋的天使说。

上帝听了还是摇摇头。

“把它埋在土地里吧，这是人类最容易忽略的地方。”负责管理土地的天使说。

上帝还是不满意这个方案。

“我看哪，还是把幸福快乐的秘密藏在人类的心中比较好。我敢断定，绝大多数的人都会向外去寻找自己的幸福快乐，很少有人会想到在自己身上挖掘这幸福快乐的秘密。”管理心灵的天使回答说。

上帝对这个方案非常满意。

从此，幸福快乐的秘密就藏在了每个人的心里。

幸福和快乐就藏在我们自己的心里，只要我们善于挖掘。其实，我们每个人都具备使自己幸福和快乐的本事，比如积极的生活态度、乐善好施的品德、奉献爱心的精神，等等。这些特质是每一个人与生俱来的，只是我们不懂得如何去把这些“幸福快乐的资源”加以运用而已。要想培养快乐与平和的心境，我们就必须先拥有快乐的思想和行为，这样才能成为一个快乐的人。

知足无烦恼

从前有一个国王，他的国家非常强大，人民非常富有，他也拥有自己所能想到的一切能让自己感到快乐的东西——财富、权力、地位、美女……即便如此，国王还是感觉不到快乐。他每一天都很郁闷，无论是什么东西也不能让他高兴起来，无论多么好笑的笑话都不能让他愉悦起来，无论怎样滑稽的表演都不能使他快乐起来。

于是，他给他手下的那些大臣和侍卫们下达了一个任务：找到一个快乐的人，然后把他带进宫来，希望这个人能够用他的乐观感染国王，让国王也变得快乐。

一群对国王忠心耿耿的大臣和侍卫们四处寻找了很多年，去了无数的地方，不仅在自己的国家里找，也在其他的国家里找，但是却始终没有找到一个快乐的人。他们见过很多富裕的人，见过很多美丽的人，甚至也找过其他国家的国王，但是他们都不快乐，也和他们的国王一样每天都生活在烦恼之中。于是，他们灰心了，他们认为这个世界上根本就没有真正快乐的人，虽然对不起自己的国王，但他们还是准备回王宫复命了。

这天，归心似箭的大臣和侍卫们因为急着赶路所以错过了预定投宿的那个大城镇，于是，他们只得在一个贫穷的小村落里落脚。半夜的时候，他们忽然听见了一阵欢快的歌声。那歌声听起来非常的纯粹，非常的欢乐，和他们以前听过的那些歌声都不一样，完全是一个人以发自内心的快乐而唱出来的歌。

他们循声而去，发现是一个衣衫褴褛的农夫在唱歌，于是他们问那个农夫："你快乐吗？"农夫笑呵呵地告诉他们自己很快乐。大臣和侍卫们松了一口气，他们暗自庆幸终于可以完成任务了，于是就把这个农夫带到国王面前。

国王见到这个农夫以后问道："你快乐吗？"

农夫很恭敬地答道："我很快乐啊。"

国王又问："你每天都这么快乐吗？"

农夫笑呵呵地说："我当然每天都这么快乐啊，没有什么让我不快乐的事。"

国王奇怪地问："为什么呢？你为什么每天都这么快乐？"

农夫笑着答道："我拥有健康的身体、善良贤惠的妻子、活泼可爱的孩子，以及可以辛勤耕耘的土地，还有什么不知足的呢？我已经很幸运了，所以我每一天都很快乐。"

听了农夫的话，国王若有所悟。

国王虽然拥有很多让人羡慕的东西，但是他不快乐，农夫虽然穷得连鞋都买不起，但是他却是快乐的。这是为什么呢？这是因为，一个人是否幸福，与他的心态有关，与他是否拥有财富、地位、权力没有多大关系。国王虽然拥有很多，但是他不满足于现有的生活，没有平和的心态，所以他不幸福，不快乐。农夫虽然拥有很少，但是他很知足，珍惜自己现有的生活。只有知足，我们才会没有烦恼。

什么都想要，什么都得不到

一家大公司招聘职员，其中有一道试题是这样的：在一个暴雨肆虐的晚上，你开车经过一个公交车站，发现站上有 3 个人正在等公交车。在这 3 人中，一位是曾经救过你的医生，一位是你的梦中情人，还有一位是看上去好像濒临死亡的患病老人，而你的这辆车又只能载一位乘客，你选择让谁上车呢？

每个人的回答都不一样，有人选择医生，因为医生是自己的救命恩人，不能不知恩图报；有人选择患病老人，因为老人已经濒临死亡，应该马上将他送入医院，这样便可挽救一条生命；还有人选择梦中情人，人海茫茫，或许错过了这一次机缘，以后也许就再也无缘相见了。

当然，什么样的答案都不为错，并且每一个答案都有与之相适应的原因。在众多的候选人员之中，只有一位年轻人的答案让公司老板最为满意，并最终聘用了他。

年轻人的答案是这样的："把车交给医生，让他送患病老人去看病，而我自己留下，陪伴梦中情人一起在雨中等待下一辆公交车的到来。"

在面对这道题时，很多人都将眼光放在了医生、梦中情人、患病老人这三个名词上。医生代表恩情，梦中情人代表爱情，患病老人代表人情。看似在考验一个人的智商与品德，其实它的实质就是一道关于如何选择与放弃的选择题。要知道，这些感情是缺一不可的，一个都不能少，但问题应该怎样解决，究竟该如何取舍？

只有抛开固定的思维模式，这时的医生可以成为司机，让他去像救助自已那样去救助老人，而自己则可以陪在梦中情人身边，实现自己的心愿。虽然自己放弃车子得站在雨中淋雨，但是能和梦中情人一起淋雨，又能救人，得到的是不是应该比失去的多得多呢？

就算“鱼”与“熊掌”同等重要，在只能取一件时，必然要放弃一件。既然能得到一件，就应该满足，否则你什么都要，什么都得不到。

舍得才会知足，知足才能舍得

非洲的马拉河河谷两岸青草嫩肥，一群群羚羊在草丛中美美地觅食。一只非洲豹隐藏在远远的草丛中，竖起耳朵四面环视。它觉察到了羚羊群的存在，于是悄悄地、轻手轻脚地、慢慢地接近羊群。

就在这时，羚羊突然有所察觉，开始四散逃跑。非洲豹像百米运动员那样，瞬时爆发，箭一般地冲向羚羊群。它的目标是一只未成年的羚羊，非洲豹的眼睛一直在盯着它。羚羊跑得飞快，但非洲豹更快。

在追与逃的过程中，非洲豹越过了一头又一头站在旁边观望的羚羊，但它没有掉头去追这些离它更近的猎物。它一直朝着那只未成年的羚羊疯狂地追赶，那只羚羊已经跑累了，非洲豹也累了，较量中较量最后的速度和坚持力。终于，非洲豹的前爪搭上了羚羊的屁股，羚羊绊倒了，非洲豹直朝羚羊的脖颈咬了下去，而后一动也不动地喘着粗气。

可以说，一切肉食动物都知道在出击之前要隐藏自己，而在选择追击目标时，总是选那些未成年的，或老弱的，或落了单的猎物。而且在追击的过程中，它从不改追其他离得更近的猎物。为什么呢？拿非洲豹来说，因为它已经很累了，而别的羊还不累呢。其他羊一旦起跑，也有百米冲刺的爆发力，一瞬间就会把已经跑了百米的豹子甩在后边，拉开距离。如果丢下那只跑累了的羊，去追一只不累的羊，就是把自己放在了一个被动的位置，最后一定是一只也追不着。

对于自己看好的东西，要去追求，但追求中遇到更好的东西怎么办？知足常乐的秘诀是懂得如何享用你所拥有的，并割舍不切实际的欲念。可多数人却是拥有了却不知珍惜，反而想要得到更多。

贪欲越少，越幸福

在柏拉图的《共和国》第十卷中，有一段关于“幸福”的美妙的对话，即针对阿尔美尼人埃尔进入地狱，看见灵魂在死后所受的待遇的故事。

“一个使者把阿尔美尼人聚集在一起，对着幽灵做如下的演说：‘阐发了对幸福的理解，过路的众魂，你们将进入到一个肉体中，开始你们新的旅程。你们的命运，神明并不能代你们选择，而必须由你们自己选择。我们将用抽签的方式来决定选择的次序，第一个轮到的便第一个选择，但一经选择，命运即已决定，不可更改……你们要知道美德并没什么一定的主宰，谁尊敬它，它便依附谁，谁轻蔑它，它便逃避谁。每个人都要对自己的选择负责，神明是无辜的。’

“说完，使者在众灵魂前面掷下许多包裹，每个包裹之中都藏有一个命运，每个灵魂可以任意挑选他喜欢的那一个。散在地下的，有人的条件，有兽的条件，杂然并存，摆在一起。有专制的暴力，有些是终生的，有些突然中途消失，终于穷困，或逃亡，或行乞。也有名人的条件，或以美，或以力，或以祖先的美德。也有女人的命运，荡妇的命运，淑媛的命运……在这些命运中，贫富贵贱、健康疾病都混合在一起。

“轮到第一个人行使选择权时，他兴奋地上前，看着那一堆可观的暴利。他贪心地拿起，把它带走了，但是，当他把那个包裹袋搜罗到底时，却发现他的命运注定要杀死自己的孩子，并要犯其他的大罪。于是，他连哭带怨，指责神明，指责一切，除了他自己之外，什么都被他诅咒了。但他已选择了，他后悔当初没有选择其他的包裹!”

柏拉图通过种种包裹，揭示了如下道理：

“人，饥而欲食，渴而欲饮，寒而欲衣，劳而欲息。幸福与人的基本生存需要是不可分离的。人们在现实中感受或意识到的幸福，通常表现为自身需要的满足状态。人的生存和发展的需要得到了满足，便会产生内在的幸福感。幸福感是一种心满意足的状态，植根于人的需求对象的土壤里。”

问题是，欲望的满足能不能成为必然幸福的标准和定律。后来一个叫伊壁鸠鲁的哲学家，将欲望分为三类：“有些欲望是自然的和必要的，有些是自然的而不必要的，又有些是非自然而又非必要的。”他举例说，面包和水属于第一类，牛奶或奶酪属于第二类，人们可以偶尔享受这些东西；第三类就是那些虚妄的权势欲、贪财欲等，是完全可以放弃的。伊壁鸠鲁进而认为，只有自然而又必要的欲望，才会与幸福相关联。也就是说，人的需求越少，越容易获得满足。降低欲望的最好途径是慷慨地与人分享，这样就不会影响进取和追求的激情。

贪欲越少，生活越幸福。这是一条古老的，但是还没有被所有的人认识的真理。你越习惯于奢华的生活，你就越发陷入被奴役的地位；因为你的贪欲越多，你的自由受到的限制就越大。

无欲，心境自清凉

从前，有一个没见过什么世面的人，一生没有见过盐巴，也没吃过盐巴。有一天，他得到了一个去别人家做客的机会，他第一次看到人家把盐巴加进饭菜里一起煮，觉得很好奇，就问他们说："为什么要在饭菜里面加这种东西呢?"

"因为加了盐巴，吃起来才会好吃，就像天上的佳肴美味一样呀!"主人这样回答他。

这人听了心里头便想："原来这种白面似的东西这么好吃啊，只要加一点点在饭菜里面，就能让整盆饭菜都变得美味，要是空口吃的话，那不就是天下第一美味了吗?"

于是，他迫不及待地抓了一大把盐巴，就往嘴里面吞。哎呀！没想到又咸又苦，实在是难以下咽。

他气不过去，马上跑去问这位主人："你不是说盐巴很好吃吗?"

主人说道："你怎么这么笨呢，盐巴不是这样吃的，应该要适量使用，才能增加食物的美味。哪有你那样空口吃盐巴的!"

每个人都希望自己有所得，有所成就，有所收获。什么是最大的收获呢？事实上，很多我们梦寐以求的东西就像是盐巴那样，生活中少不了它，但是，如果贪得无厌，就品尝不到应有的美味。这个世界上，无论任何时候都不能过分贪婪，正所谓"无欲则刚"，不贪得无厌，心境也就自然平静清凉。

贪得无厌终将一无所有

从前，有一个农夫，虽然自己常常挨饿，但却非常敬神，再苦再难他也不会骂老天爷，只会自己默默承受，他每天都要给各路神仙上供，哪怕自己吃不上饭也在所不惜。这个农夫如此敬神是有他自己的道理的，他最大的愿望就是有一天神仙能够显灵，改善一下他的生活，或者给他一个法宝之类的东西。

后来，一个天上的神仙被这个人的赤诚感动了，就下凡来准备帮助这个农夫。神仙显灵现身以后，这个农夫又惊又喜，自己毕生的理想即将要实现了，于是他马上跪倒，对神仙顶礼膜拜。

神仙把地上的一个小土块变成了一块金子送给那个农夫。这些金子可以让农夫买很多需要的东西，农夫可以从此再也不用挨饿了。神仙满以为自己做了一件大好事，农夫一定会对自己感激涕零的。但是，他一抬头，却发现那个农夫不仅没有欣喜若狂，甚至连一点儿开心的表情都没有。

农夫的反应出乎了神仙的预料，神仙的心里面觉得有点失败，又有点儿汗颜，这个农夫对自己这么恭敬，自己却没能让人家满意，看来，自己应该多给他一点儿东西才是。于是，神仙把一块方砖那么大的石头变成了金子，那个时候金子是很值钱的，只要农夫节省一点，一辈子都可以不愁吃穿了。神仙满以为这一次农夫会欣喜若狂，至少也会高兴得手舞足蹈的，但是神仙又猜错了，那个农夫的表情还是淡淡的，连看都没看那块金子。

神仙大吃一惊，他觉得自己的自尊心受到了打击，于是他一发狠，就把路边的一头石狮子变成了金子送给那个农夫，让那个农夫不仅可以一辈子衣食无忧，而且可以过上富足甚至是有些奢侈的生活了。如果那个农夫懂得如何做生意的话，他完全有希望成为一个富可敌国的大富翁了。但是，那个农夫也只是稍微吃惊了一下，还是没有表现出神仙所希望的那种欣喜若狂的表情。

神仙终于忍不住了，他问那个农夫："你有了这么大一块金子还不满足吗？你到底想要什么？"农夫听了那个神仙的话以后先是一愣，然后贪婪地说道："我想要你那个可以点石成金的手指！"

神仙惊异于农夫的贪婪，一怒之下立刻消失不见，回到天宫里面去了，临走之前一挥衣袖，他刚开始变出的那些金子也再次变回了原样。

在生活中，如果我们不能控制好自己的欲望，老是想追求更多的东西，那么，我们很可能会像那个贪得无厌的农夫一样最终变得一无所有。

攀比生烦恼

有一个国王，他有一个很大的花园，里面种着各种各样的植物。可是，有一天，当国王来到花园里散步的时候，他惊奇地发现花园里所有的花草树木都枯萎了，在一夜之间，美丽的花园成了荒园。

国王大怒，命令侍卫把负责管理花园的园丁抓了来。园丁告诉了国王花园里面那些植物的死因：橡树由于没有松树那么高大挺拔，因此轻生厌世死了；松树又因自己不能像葡萄那样能结许多果子，也死了；葡萄哀叹自己终日匍匐在架上，不能直立，不能像桃树那样开出美丽可爱的花朵，于是也死了；牵牛花也病倒了，因为它叹息自己没有紫丁香那样芬芳；其余的植物也都垂头丧气，没精打采，只有最细小的心安草在茂盛地生长。

国王问道：“小小的心安草啊，别的植物全都枯萎了，为什么你这小草这么勇敢乐观、毫不沮丧呢？”

心安草回答说：“尊敬的国王，我一点也不灰心失望，因为我知道，如果国王您想要一棵橡树，或者一棵松树、一丛葡萄、一棵桃树、一株牵牛花、一枝紫丁香，等等，您就会叫园丁把它们种上，而我知道您希望于我的就是要我安心做小小的心安草。我没有烦恼是因为我不会像它们一样互相攀比啊！”

尺有所短，寸有所长。我们既不能以己之长，比人之短，也不应以己之短，比人之长。生活中的许多烦恼都是因为我们盲目地和别人攀比，结果导致自己整天沉浸在痛苦之中，忘了享受自己的幸福生活。如果我们想获得幸福，那很容易实现；如果我们想比别人更幸福，那将很难实现。这也正是现实生活中许多人烦恼和疲惫的根源。

名利身外物，实在最重要

从前有个猎人，每次村里的年轻人一同出外打猎，他猎到的动物都最多。尤其让村里的年轻人感到敬佩的是他的箭术，他可以在完全没有瞄准的时间的情况下一箭射落空中的大雁。有鉴于此，大伙儿便封了他一个头衔，叫“猎王”。

猎王原来用的那张弓，外表平实，很不起眼，但是力量很大，是猎王从小用到大的趁手兵器。有了猎王的头衔之后，他心想：“我的身价已经跟以前大不相同了，如果再用这张难看的弓，一定会遭人笑话。”于是，猎王丢弃了自己的旧弓，另外找人制造了一张新弓，上面雕刻了非常精致的花纹，每个人见了都忍不住要摸一摸，称赞几句。猎王更得意了。

有一天，村子里举行射箭比赛，猎王带着美丽的新弓，很神气地到达比赛地点。等轮到猎王出场时，大伙儿都鼓掌喝彩，准备看他一显身手。只见猎王拈弓搭箭，才一拉弓弦，只听“咔嚓”一声，猎王的雕花弓竟然从中断成了两截。在场的人们哄堂大笑。猎王面红耳赤，一时羞窘得说不出话来。

猎王所犯的错误叫作虚荣。生活就是这样，越想出风头的人到头来往往是越出丑，越追求虚荣的人到最后往往越丢人。让我们记住这个道理吧，名利只是身外之物，追求实实在在的幸福和快乐才是最重要的。

捉蜻蜓的乐趣

有一位富翁，他具有非凡的商业智慧，但是天妒英才，他还没到 40 岁，就患了绝症，眼看就要死去了。临终前，富翁望见窗外的广场上有一群孩子在捉蜻蜓，于是就对他还不到 10 岁的 4 个儿子说，你们到那儿去给我捉几只蜻蜓来吧，我许多年都没见过蜻蜓了。

不一会儿，大儿子就带了一只蜻蜓回来。富商问：“怎么这么快就捉了一只?”大儿子说：“我知道您急着要，于是就做了一桩亏本买卖，用你送给我的遥控赛车换了一只蜻蜓回来。”富翁点点头。

又过了一会儿，二儿子也回来了，他带来两只蜻蜓。富翁问：“你怎么这么快就捉了两只蜻蜓回来?”二儿子说：“我把你送给我的遥控赛车卖给了广场上的一个小孩，他给我 3 分钱，这两只是我用 2 分钱向另一位有蜻蜓的小朋友买来的。他只有两只蜻蜓，我还剩下 1 分钱呢!”富翁微笑着点点头。

不久老三也回来了，他带来十只蜻蜓。富翁问：“你怎么捉那么多的蜻蜓?”三儿子说：“我把你送给我的遥控赛车在广场上举起来，问，谁愿玩赛车，愿玩的只需交一只蜻蜓就可以了。爸，要不是怕你着急，他们捉到的那 20 多只蜻蜓就全是你的了!”富翁拍了拍三儿子的头。

最后回来的是还不到 6 岁的老四。他满头大汗，两手空空，衣服沾满了尘土。富翁问：“孩子，你怎么搞的?”小儿子说：“我捉了半天，也没捉到一只，就在地上玩赛车，要不是见哥哥们都回来了，说不定我的赛车能撞上一只蜻蜓呢!”富翁笑了，笑得满眼是泪，他摸着小儿子挂满汗珠的脸蛋，把他搂在了怀里。

第二天，富翁死了，他的孩子们在床头发现一张小纸条，上面写着：“孩子，我并不需要蜻蜓，我需要的是你们捉蜻蜓的乐趣。我这辈子拼命工作，赚了很多钱，可以买无数的东西，但最令我遗憾的，就是临到死了，也没过过几天快乐的日子啊!”

钱当然可以买到蜻蜓，但买不到的是捉蜻蜓的乐趣。生命的乐趣在于结果还是在于过程？恐怕每个人都有自己的答案。想想那个拼命赚钱却没福气花钱的富翁吧，他的话或许可以改变我们对生活的看法。

第七章　生命不能负担太重

生命不能负担太重。若舍不得放下，势必就会背负太多，更无法远行。生命因放弃而精彩，能舍人之难舍，方可收获更多。

每一块西瓜代表一定程度的利益

一个想要经商的青年去向一位事业有成的富翁请教成功之道，富翁没有教给他方法，却拿了3块大小不一的西瓜放在青年面前："如果每块西瓜代表一定程度的利益，你选哪块?"

"当然是最大的那块!"青年毫不犹豫地回答。

听了青年的选择，富翁微微一笑："那好，我们来吃西瓜吧!"富翁把那块最大的西瓜递给青年，而自己却吃起了最小的那块。

很快，富翁就把最小的那块吃完了，然后他从容地拿起桌上的最后一块西瓜得意地在青年面前晃了晃，大口吃起来。

青年马上明白了富翁的意思：富翁虽然选择了最小的那块西瓜，但最终却比自己吃得多，如果每块西瓜代表一定程度的利益，那么富翁在经商时，要远比青年精明。

吃完西瓜，富翁对青年说："在我像你这么大的时候，我也是跟你一样的想法。可是后来，我懂得了一个道理，要想成功，就要学会选择，勇于放弃，着眼未来。这就是我的成功之道。"

要想成功，就要学会选择，勇于放弃。这是多么朴素的辩证法，很可惜，有些人却不懂得这个简单的道理。

有魔力的钱袋

鲁弗斯很想做一个富有的好人，事实上，他的品行虽然不错，却跟富有两个字一点都不沾边。

有一天，鲁弗斯自言自语地说："我真想发财呀，快让我发财吧，如果我发了财，我就做一个慷慨的好人……"

突然，鲁弗斯身旁出现了一个魔鬼。魔鬼说："我能让你发财，我会给你一个有魔力的钱袋。这钱袋里永远有一块金币，永远都拿不完。但是你要注意，在你觉得够了时，就要把钱袋扔掉，这时才可以开始花钱，因为你一旦开始花钱，这钱袋就会消失。"

魔鬼说完话就不见了，而鲁弗斯身边，真的出现了一个钱袋。鲁弗斯打开钱袋一看，里面不多不少，正好有一个金币。鲁弗斯把那块金币拿出来，里面又有了一块。鲁弗斯不断地往外拿金币，一直拿了整整一个晚上，他已经有了一大堆金币。鲁弗斯想："这些钱已经够我用一辈子了。"第二天，鲁弗斯很饿，很想去买面包吃。但是一想到一旦自己花了钱，魔力钱袋便会消失，于是鲁弗斯就一次又一次地遏制住了自己花钱的欲望，坐在自己家里的长凳上不断地向外掏钱。

又过了一天，鲁弗斯已经快要饿晕过去了，而堆在他身边的金币已经足够他去买吃的、买房子、买最豪华的车子、买一屋子漂亮的女仆。可是，他还是在对自己说："还是等钱再多一些吧！"鲁弗斯不吃不喝地工作着，金币已经快堆满屋子了。他变得又瘦又弱，脸色像蜡一样黄。鲁弗斯虚弱地说："我不能把钱袋扔掉，我要源源不断的金币……"

一个星期过去了，鲁弗斯已经饿得只剩下了皮包骨头，但他还是用颤抖着的手往外掏金币，最后终于死在了他金"币"辉煌的家里。

钱赚得完吗？钱赚不完。要是谁想要把自己能赚的钱全都赚完，那么他最终就会像鲁弗斯一样栽在自己的贪欲上。对于我们这些普通人来说，钱虽然重要，但不是我们生活的一切。钱根本就是赚不完的，因此，我们千万不要把自己所有的心思都放在赚钱上，否则，我们将会失去我们最珍贵的东西。

适可而止莫贪婪

一个流浪汉在大街上垂头丧气地往前走着。他的衣服破旧得遮不住身体，他的脸黄黄瘦瘦的，看起来很久没有吃过一顿饱饭了。他一边走，一边嘀咕着："要是能让我饱吃一顿该多好啊！"他怪命运女神太不眷顾自己。

正在此时，命运女神出现在流浪汉的面前。流浪汉揉了揉混浊的双眼，认出是命运女神，连忙跪倒在地，低声哀求道："慈爱的命运女神啊，帮帮我这可怜的人吧！可怜可怜我吧，我现在什么都没有了。"

命运女神和气地问流浪汉："那你告诉我，你最想要什么？"

流浪汉这时已把自己刚才的愿望抛到九霄云外去了，张口就说："我要金子。"

命运女神说："脱下你的外衣来接吧。不过不要接得太多，那样会把衣服撑破的。这些金子只有被接住并且牢牢地包在衣服里才是金子，要是掉在地上，就会统统变成垃圾。"

流浪汉大喜过望，三下五除二就脱了衣服。命运女神轻轻地一挥手，只见金子像流星雨一样，闪着金光，一颗颗地落在流浪汉的衣服上，渐渐堆成了一座小金山。

命运女神说："小心啊！你的衣服就要被压破了，再多装一点金子就要掉在地上了。"

流浪汉看着飞来的金子，两眼放光，哪里还听得进女神的劝告，只是一个劲儿兴奋地嚷嚷："再给点儿，再给点儿！"正喊着，只听"哗啦"一声，他那破旧的衣服裂开了一条大口子。金子滚落在地上变成了砖头、玻璃和小石块。命运女神也消失了。流浪汉又变得一无所有了，他只好披上那件更破更烂的衣服，继续流浪。

人不能有贪欲，因为贪欲是无底洞，你永远也填不满它。生活中有许多这样的人：他们什么都不愿放弃，而且得陇望蜀，不知满足，结果落了个竹篮打水一场空的结局。因此，我们需要一个词，叫作"适可而止"。懂得了适可而止，我们也就不会活得那么累了。

有所放弃，才能有所追求

在牙买加海岸边，有一个美国商人坐在一个小渔村的码头上，看着一个牙买加渔夫划着一艘小船靠岸，小船上有好几尾大黄鳍鲔鱼。这个美国商人对牙买加渔夫抓到这么高档的鱼恭维了一番，问他要多长时间才能抓这么多。

牙买加渔夫说："才一会儿工夫就抓到了。"

美国商人再问："你为什么不待久一点，好多抓一些鱼？"

牙买加渔夫觉得不以为然："这些鱼已经足够我一家人生活所需啦！"

美国商人又问："那么你一天剩下那么多时间都在干什么？"

牙买加渔夫解释："我呀，我每天睡到自然醒，出海抓几条鱼，回来后跟孩子们玩一玩，再安安美美地睡个午觉，黄昏时晃到村子里喝点小酒，跟哥儿们玩玩吉他，跳跳迪斯科，我的日子过得又充实又忙碌……"

美国商人听了很不以为然，帮他出主意，他说："我是学金融学的，我倒是可以帮你支支招。你应该每天多花一些时间去抓鱼，到时候你就有钱去买条大一点的船。这样你就可以抓更多的鱼，再买更多的渔船。然后你就可以拥有一个渔船队。到时候你就不必把鱼卖给鱼贩子，而是直接卖给加工厂，或者你可以自己开一家专门加工鱼罐头的工厂。如此你就有可能控制整个生产、加工处理和行销。然后你可以离开这个小渔村，搬到牙买加的首都，再搬到洛杉矶，最后到纽约，在那里经营你不断扩充的企业，让它不断壮大。"

牙买加渔夫问："这要花多少时间呢？"

美国商人想了想回答："运气好的话，10年吧。"

牙买加渔夫说："那也太长了……"

"什么太长了，做事情要执着，只有执着地做事情，才能够得到自己想要的东西。"美国商人接着说，"到时你就可以发达了——时机一到，你就可以宣布股票上市，把你的公司股份卖给投资大众。到时候你就发啦！你可以几亿几亿地赚钱了。"

牙买加渔夫问："赚那么多钱干什么呢？"

美国商人说："到那个时候你就可以享受了。你可以搬到海边的小渔村去住。每天睡到自然醒，出海随便抓几条鱼，跟孩子们玩一玩，再安安美美地睡个午觉，黄昏时，晃到村子里喝点小酒，跟哥儿们玩玩吉他，跳跳舞什么的……你想想那样的日子多美啊，只要你现在执着地去做一件事情。”

牙买加渔夫说：“我现在不就在过这样的生活吗？”

人生中做很多事情固然都需要我们的执着精神，但是我们也得明确我们执着的目的是什么。人生是艰难的航行，绝不会一帆风顺。当必须放弃时，就果断地放弃吧。放得下，才能走得远。有所放弃，才能有所追求。什么也不愿放弃的人，反而会失去最珍贵的东西。没有果断的放弃，就没有辉煌的选择。与其苦苦挣扎，拼得头破血流，不如潇洒地挥手，勇敢地选择放弃。有时候，我们总是执着于一件事情，还不如一个渔夫那样会选择。

放弃不属于你的东西

英国首相丘吉尔小的时候非常顽皮，经常到处乱跑，结果有一次，他在外边玩的时候不慎落水，差点淹死。幸运的是，有一个贫苦的农民弗莱明救了他。原来，那天丘吉尔落水的时候，他正在离那条水沟不远的田里干活，听到丘吉尔的呼救声之后，他就毫不迟疑地把丘吉尔救了上来，让丘吉尔捡回一条命。

丘吉尔的父亲是一个贵族，同时也是很懂礼貌的绅士。为了感谢弗莱明救了他的儿子，他便亲自到弗莱明家里感谢他。弗莱明看见一辆豪华马车停在自家门口非常惊奇，这个时候丘吉尔的父亲穿着一身笔挺的西装走下了马车，先是对农夫弗莱明深深地鞠了一躬，然后对他说：“您好，我是昨天被您救起的小孩子的父亲，今天是特地来向您表示感谢的。”然后向弗莱明递上他早已准备好的酬金。

弗莱明却拒绝了他的酬金，对那位绅士说道：“我不能因为救您的孩子而接受报酬，因为这是每一个有良心有尊严的人都一定会做的事情，而我的尊严是无价的。”

丘吉尔的父亲吃了一惊，他没想到面前的这个普普通通的农夫竟然也是个不折不扣的绅士。就在这个时候，农夫弗莱明的儿子小弗莱明从外面回来了。丘吉尔的父亲见到小弗莱明以后眼睛一亮，问弗莱明道：“这是您的儿子吗?”弗莱明点头称是。丘吉尔的父亲想出了一个报答恩人的好办法，于是向弗莱明先生提了一个建议：“尊敬的弗莱明先生，我们不如订个协议吧，我带您的儿子走，让他接受最好的教育，以此来作为我对您的报答，您看怎么样?”

弗莱明先生爽快地答应了丘吉尔父亲的提议。后来，小弗莱明不负父辈所望，发现了青霉素，成了著名的医生，并且获得了诺贝尔奖。

弗莱明虽然仅仅是一个普通的农夫，但他有自己做事情的原则，他放弃了那份在他心目中不属于自己的酬金，但是他的儿子得到了一个学习的机会，这个决定改变了他儿子的一生。想想看，如果我们处在弗莱明先生的位置上，我们会拒绝那笔诱人的酬金吗?

人生需要舍弃

美国有一个石油大亨叫保罗·盖蒂，他是一个老烟民，烟瘾很大。保罗身边的亲戚朋友们很多人都在劝他戒烟，但是他从来都不听家人和朋友的劝告，因为他觉得自己很有钱，抽点烟不算什么，至于健康，那是无法预料的东西，就算自己抽了烟也不见得会比不抽烟少活几岁。他总是自我安慰地说："生命的意义不就在于享受吗？干吗要忍受戒烟带来的巨大痛苦呢？"

有一次，保罗去一个小城进行商务谈判。在旅馆里，他因为旅途劳顿，很快就入睡了。但是在半夜两点钟的时候，他醒了过来，再也睡不着了，因为他的烟瘾犯了，非常想抽烟。可是，当保罗掏出烟盒一看，他傻眼了，他的烟盒竟然是空的，他晚上的时候已经把烟都抽光了。这个小旅馆不卖烟，而且这个小城很小，仅有的几家餐厅和酒吧都关门了。唯一的办法是到几条街之外的火车站去买烟，只有那里的零售店是通宵服务的，而当时，外面正下着大雨。

保罗在犹豫要不要出去买烟，但烟瘾的折磨还是让他无奈地穿好衣服准备出门。可是，当他伸手拿雨伞的时候，突然清醒过来，他责问自己："我到底是在做什么？我是一个绅士，一个有身份地位的人，一个成功的商人，一个自认为有理智的人，但是我怎么可以做这么荒谬的事呢——冒着大雨在凌晨两点的时候走好几条街，只是为了去买一包烟？难道我再也不能控制自己的理智了吗？难道我的意志竟然被这么一根小小的烟打败了吗？要是这样下去的话，我还怎么掌控我的公司呢？"

从这一刻起，保罗下定了戒烟的决心，因为他绝不甘心让该死的烟瘾控制住自己。于是，他果断地扔掉了自己的烟盒，回到床上强迫自己进入了梦乡。此后，保罗真的再也没抽过一口烟，他凭着坚强的毅力把公司管理得有声有色，一直到他 80 多岁的时候还坚持每天工作十几个小时。

在生活中，我们是否也会像保罗一样，对于一样东西有着异乎寻常的执着，从而被外物控制了心灵？保罗通过犯烟瘾这件事悟出一个深刻的道理——人生中，有的东西是你必须要舍弃的，否则，它就会一直成为你的一个弱点、一个硬伤、一个限制，把你挡在成功这扇大门外面。

当梦想照进现实

法国少年皮尔从小就喜欢舞蹈，他的理想是当一名出色的舞蹈演员，在舞台上展示自己的魅力，得到台下观众的鲜花和掌声。可是，天不遂人愿，皮尔生在了一个平民家庭中，父母根本拿不出多余的钱来送皮尔上舞蹈学校。为了养家糊口，皮尔的父母将他送到了一家裁缝店当学徒，希望他学一门手艺能帮助家里减轻负担。皮尔非常讨厌自己的这份工作，不仅因为繁重的工作所得的报酬还不够他自己一个人的生活费，更重要的是，这份工作让他离自己的梦想越来越远。

终于，皮尔不堪忍受这样的生活了，他想要自杀，因为他觉得与其这样痛苦地活着，还不如早早结束自己的生命。就在皮尔准备跳河自杀的当晚，他突然想起了自己从小就崇拜的“芭蕾音乐之父”布德里，皮尔想，只有布德里才能明白他这种为艺术献身的精神。他决定给布德里写一封信，希望对方能收下自己做学生，而如果布德里不肯收下他，他就自杀。

很快，皮尔收到了布德里的回信。当皮尔用颤抖的双手展开信纸的时候，却发现布德里并没提及收他做学生的事，也没有被他要为艺术献身的精神所感动，而是在信中讲述了他自己的人生经历。布德里说他小时候很想当科学家，因为家境贫穷无法送他上学，他只得跟一个街头艺人跑江湖卖艺……最后，他说，人生在世，现实与理想总是有一定的距离。在理想与现实生活中，首先要选择生存。只有好好地活下来，才能让理想之星闪闪发光。一个连自己的生命都不珍惜的人，是不配谈艺术的。人只有努力珍惜自己眼前所拥有的，才能在这个世界上立足。

布德里的回信让皮尔猛然省悟。后来，他努力学习缝纫技术，并得到了裁缝店老板的赏识，将自己的一身本事全都教给了皮尔。从23岁那年起，皮尔在巴黎开始了自己的时装事业。很快，他便建立了自己的公司和服装品牌。他就是皮尔·卡丹。在一次接受记者采访时，皮尔·卡丹说，当自己长大之后再回想童年，他发现自己其实并不具备舞蹈演员的素质，当舞蹈演员只不过是年少轻狂的一个梦而已，是布德里先生的一封信击碎了他儿时的梦幻，让他走上了现在这条成功之路。

梦想，多么美好的一个名词。古往今来，因为坚持梦想而最终成功的人不计其数，人们常常赞誉那些功成名就的幸运者，认为必须坚强、执着、永不放弃自己的理想，才能成为生活的强者。可是，当梦想照进现实，我们往往会发现，其实梦想并不是非坚持不可的，而且在一定的条件下，放弃也可能成为走向成功的捷径。“条条道路通罗马”，此门不开开别门。寻找到与自己才能相匹配的新的努力方向，同样有可能创造出自己的辉煌。

贪心不足蛇吞象

有个人想出了一个捕捉火鸡的好办法，他用一个大箱子制成了一个猎具，然后在箱子里放上玉米粒以此来引诱火鸡走进去，一旦火鸡进去了，只要他一拉绳子，就能把进口堵上，里面的火鸡就再也逃不出来了。

这天，他用自己做的猎具来捉火鸡。不一会儿，箱子里的玉米粒就把火鸡引来了，而且火鸡的数量越来越多，从1只到3只，再到7只8只……这个人兴奋极了，他这个星期的计划就是捉到10只火鸡，没想到现在一下子就可以捉到8只。他想索性再等两只火鸡，但是他没带多余的玉米粒，如果现在堵住出口，那明天就还得再来。于是，这个人决定再等一等。

这个人正想着，一只吃不到玉米粒的火鸡溜了出来。他懊悔地想："刚才真该拉绳子，好吧好吧，你快回去吧，8只我也知足了，你再回去我就拉绳子。"就在他犹豫的时刻，箱子里的火鸡又出来两只，两只之后又是两只……

最后，这个人眼睁睁地看着那群火鸡心满意足地离去了。箱子里什么都没有了，包括他的玉米粒。

俗话说："贪心不足蛇吞象。取之不易，舍亦太难。"当我们积极进取的时候，知足便是一把打开你心门的钥匙。当我们欲取而不得的时候，知足常乐无疑是明智神勇之举。鱼和熊掌不能兼得。人生有时就是这么矛盾，人也就是生活在这种矛盾之中。有取必有舍，有苦才有乐。事实上，人生最忌犹豫不决，患得患失，只有懂得知足，懂得舍弃，才能让我们的人生更上一个台阶。

留住最珍贵的东西

从前有一个国家，这个国家的国王年纪很大了，但却一生无子，没有办法确定王位继承人。可老国王觉得自己的身体一天不如一天了，想尽快培养一个继承人，于是他对全国的人民宣布，要在适龄的孩子里选一个做继承人。

国王然后命令手下的官员们发给那些适龄的孩子每人一粒种子，告诉他们："3个月之后谁能种出最美丽的花来，他将是我的继承人！"于是，孩子们都回到家里精心地培育，希望3个月之后国王巡街的时候可以看上自己种的花。

3个月的时间一转眼就过去了，国王让孩子们捧着自己的花站在自家门前，然后国王骑上马巡街，以此来挑选自己的继承人。

每家每户的孩子们都捧着万紫千红的花卉站在街边，等待老国王来看自己的花。然而，老国王走了一路，都没找到自己最中意的那盆花，他的眉头皱得越来越紧了。忽然，老国王看到一个很羞涩的男孩抱着空花盆站在街边，于是眼睛一亮，连忙下马向男孩走了过去。

老国王问道："孩子，为什么你的花盆是空的呢?"

孩子羞愧地说："敬爱的陛下，我很用心地去种了种子，但是它却一直没有发芽。我最初以为是花盆的问题，结果换了一个花盆以后它还是这样的。我又以为是泥土的问题，但是换了泥土以后它还是没有发芽。我用尽了各种办法，可是这粒种子就是不肯发芽。"说完这番话，孩子的眼中已经满是委屈的泪水，马上就要哭出来了。

可是国王却一点也不替这个孩子感到惋惜，他高兴极了，对这个孩子说："孩子，你不用委屈!"然后转过头对着自己身后的大臣们说："这个孩子，他就是我的继承人!"原来，老国王给孩子们发的种子都是煮过的，根本不会发芽!

读完了这个故事，很多人都赞美这个孩子是个诚实的孩子，他因为自己的诚实，而得到了国王的赏识。但是，绝大多数的人都没看到，这是一个关于放弃的故事。

这个孩子固然诚实，但我们要知道，他所放弃的却是成为国王继承人的机会！为什么在国王和他说话的时候他会这么难过，就是因为他知道自己的花盆是空的，一点儿也不漂亮，自己绝对不可能成为继承人了，然而在诚实和成为继承人的诱惑之间，他选择了诚实。最终，他对于诚实的坚持让他成为国王的继承人。而其他的孩子和他的做法恰恰相反，舍弃了诚实，而选择了抓住机会讨好国王，没有抵挡住成为继承人的诱惑，最终，他们什么都没得到。

生活中有的东西可以舍弃，比如金钱、地位；但是有的东西是不能舍弃的，比如正直、善良。如果选择错了，就不会取得成功。让我们学学那个捧着空花盆的孩子吧，舍弃该舍弃的，留住自己最珍贵的东西！

生命不能负担过重

一个志向远大的热血青年背着一个大包裹千里迢迢跑来找聪明绝顶的无际大师来为自己答疑解惑。

青年说："大师，我是那样的孤独、痛苦和寂寞。长期的跋涉使我疲倦到极点；我的鞋子破了，荆棘割破双脚；手也受伤了，血流不止；嗓子因为长久呼喊而嘶哑……为什么我还不能找到心中的阳光？为什么我离自己的理想还是那么远？"

无际大师敏锐地注意到了他的包裹，于是问他："你的大包裹里装些什么？"青年说："它对我可重要了。里面是我每一次跌倒时的痛苦，每一次受伤后的哭泣，每一次孤寂时的烦恼……没有它们，我肯定到不了您这儿。"

无际大师一下子明白了青年的问题出在哪里，然后，大师带着他来到一条河边，他们坐船过了河。上岸后，大师说："你扛上船赶路吧！"

"什么，扛上船赶路？"青年很惊讶，"它那么沉，我扛得动吗？"

"是的，孩子，你扛不动它。"大师微笑着说，"过河时，船是有用的。但过了河，我们就要放下船赶路。否则，它会变成我们的包袱。痛苦、孤独、寂寞、灾难、眼泪，这些对人生都是有用的，它能使生命得到升华，但须臾不忘，就成了人生的包袱。放下它吧！孩子，生命不能太负重，好好看看你的包裹吧，把没用的东西扔掉，你就会发现自己无比的轻松。”

青年终于懂得了这个道理：原来，生命是可以不必如此沉重的。

痛苦、孤独、寂寞、灾难、眼泪，这些东西能使我们的人生得到升华。但是，如果不把它们放下，就会成为人生的包袱。毕竟，我们不能扛着船赶路；毕竟，生命中不能负担太重。

第八章　予人玫瑰，留一缕芳香

快乐不只是获得。只懂得收获的快乐，却不付出，不是真的快乐。予人玫瑰，手有余香，人生应懂得取舍，心宽似海，晴空无限。

助人不求回报，善良本分牢记于心

一个农夫看到猎人的罗网里有一只老鹰，走过去一瞧，发现老鹰的翅膀受伤了，正在罗网里伤心地哭泣。农夫看了几眼后，不由得动了恻隐之心，便转身对猎人说："兄弟，把这只老鹰卖给我吧，我很喜欢它。"

猎人打量了一下农夫，然后同意了他的请求。农夫把老鹰带回家，为它洗净了伤口，包扎好后，还给它喂了一些粮食。老鹰在农夫的精心照顾下，伤口好得很快。

一天农夫从地里回来，发现老鹰已不知什么时候飞走了。农夫很后悔，自言自语地说："我救了它一命，现在连告别都没有就飞走了。"

日子一天天过着，到了冬天，有一天农夫正靠着墙根晒太阳，碰巧那堵墙快要倒塌，他却没有觉察到。正在这时，天上飞来一只老鹰，它用爪子抓起农夫头上的帽子飞走了。农夫非常震惊，心想人老实，连鸟都欺负到头上了。他起身去追，发现抓走他帽子的正是被他救过一命的老鹰，农夫愤怒至极，他边追边骂："你这个该死的家伙，我先前救了你一命，你不曾报答，现在又来抢我的帽子……"

农夫话还没有说完，突然听到"轰隆"一声。农夫回头一看，刚才自己靠着的那堵墙已倒塌了，而他的帽子已从天空掉到了他的脚跟前。

帮助人不苛求对方回报，而受到他人的恩惠，应该牢记在心。怀有一颗善良的心、多行善事的人，他的生活必定充满阳光。

一满杯牛奶

一个小男孩为了攒够学费，不得不挨家挨户地推销商品。劳累了一整天的他感到十分饥饿，可摸遍全身，却只有一角钱。怎么办呢？他决定向下一户人家讨口饭吃。当又一扇门打开，看见一位美丽的年轻女子时，这个小男孩却有点儿不知所措了，他没有要饭，只乞求给他一口水喝。女子看到男孩很饥饿的样子，转身拿来了一大杯牛奶给他。男孩慢慢地喝完牛奶，问道："我应该付多少钱？"

年轻女子回答道："一分钱也不用付。我妈妈教导我，施以爱心，不图回报。"男孩说："那么，就请接受我由衷的感谢吧！"说完，男孩离开了这户人家。此时，他不仅感到自己浑身是劲儿，而且还看到上帝正朝他点头微笑。男孩本来是打算退学的，是那个女子在他最困难的时候给了他继续求学的勇气和信心。

数十年之后，那位女子患了一种罕见的重病，当地的医生对此束手无策。

最后，她被转到大城市医治。就在这时，当年的那个小男孩已成为大名鼎鼎的霍华德·凯利医生，他也参与了医治重症女子方案的制定。当看到病历上所写的病人的来历时，一个奇怪的念头霎时间闪过他的脑际。他马上起身直奔病房。来到病房，他一眼就认出床上躺着的病人就是那位曾帮助过他的恩人。

凯利回到自己的办公室，决心一定要竭尽所能治好恩人的病。从那天起，他就特别地关照这个病人。经过艰辛努力，手术成功了。凯利医生要求将医疗费通知单拿来，在通知单上签了自己的名字。当医疗费通知单送到这位特殊的病人手中时，女士不敢看，因为她确信，治病的费用将会花去她的全部家当。最后，她还是鼓起勇气，翻开了医疗费通知单，旁边的那行小字引起了她的注意，她不禁轻声读了出来："医疗费，一满杯牛奶。霍华德·凯利医生。"她感动得泪流满面。

当霍华德·凯利医生还是一个小孩时，饥饿在折磨着他，在那关键时候，年轻女子的一杯牛奶救了他。多年后，当女子病得几乎已经无救的情况下，是她当年用一杯牛奶帮助的那个小男孩霍华德·凯利救了她。救人便是救己。

8美元的汇票

他在美国的律师事务所刚开业时，连一台复印机都买不起。移民潮一浪接一浪涌进美国的这片沃土时，他接了许多移民的案子，常常深更半夜被唤到移民局的拘留所领人，还不时地在黑白两道间周旋。他开着一辆掉了漆的本田车，在小镇间奔波，兢兢业业地做职业律师，终于媳妇熬成了婆，电话线换成了4条，扩大了办公室，又雇用了专职秘书、办案人员，气派地开起了奔驰，处处受到礼遇。

然而天有不测风云，一念之差，他将资产投资股票却几乎亏蚀殆尽，更不巧的是，岁末年初，移民法又再次修订，职业移民名额削减，事务所顿时门庭冷落。他想不到从辉煌到倒闭几乎只在一夜之间。这时，他收到了一封信，是一家公司总裁写的：愿意将公司30%的股权转让给他，并聘他为公司和其他两家分公司的终身法人代理。他不敢相信自己的眼睛。他找上门去，总裁是个四十开外的波兰裔中年人。“还记得我吗？”总裁问。

他摇摇头，总裁微微一笑，从硕大的办公桌的抽屉里拿出一张皱巴巴的8块钱汇票，上面夹着名片，印着柏年律师的地址、电话。他实在想不起还有这一桩事情。

“10年前，在移民局……”总裁开口了，“我在排队办工卡，轮到我时，移民局已经快关门了。当时，我不知道工卡的申请费用涨了8美元，移民局不收个人支票，我又没有多余的现金，如果我那天拿不到工卡，雇主就会另雇他人了。这时，是你从身后递了8美元上来。我要你留下地址，好把钱还给你，你就给了我这张名片。”

他也渐渐回忆起来了，但是仍将信将疑地问：“后来呢？”

“后来我就在这家公司工作，很快我就申请了两个发明专利。我到公司上班后的第一天就想把这张汇票寄出，但是一直没有寄。我单枪匹马来到美国闯天下，经历了许多冷遇和磨难。这8美元改变了我对人生的态度，所以，我不能随随便便就寄出这张汇票。”

无论在学校还是在社会，都离不开“助人为乐”美德的弘扬。现实中，当他人遇到困难时，请伸出你援助的手。

急人之所急

威廉 20 岁的时候，还是一个整日守在河边打鱼的年轻人，他没有想过自己会有什么辉煌的前途。一天，一位过河人不慎将一枚戒指掉进了河里。过河人很着急，他请威廉不管怎样，也要潜到水下帮他摸一摸。

威廉答应了，他一个上午什么也没干，反反复复一连潜到水下二十几次，可依然没有摸到那枚戒指。威廉让过河人等等，他跑回村里，不一会儿，找来了全村的男人。他请大家帮忙下河去摸戒指。为了摸到这枚戒指，全村的男人竟然又花费了整整半天的工夫。

过河人事先只答应给威廉一英镑的打捞费，想不到威廉竟然请来了这么多人，用了这么长的时间。这要多少报酬才行？过河人有些紧张。没想到威廉将戒指摸上来后却没有提报酬的事，一点儿没有计较这次打捞戒指的巨大成本。他只是想为过河人解决难题——打捞上戒指，仅此而已。

不久，过河人再次路过此地，他又看见了威廉。这时河里已经没有多少鱼好打了。过河人对威廉说："威廉，你别打鱼了，我给你一个打气补胎的活儿，你足可以养家糊口。"在过河人的帮助下，威廉便有了一个在路边修补汽车轮胎的小店。

有一天，一辆小车停在了威廉的小店前，车主人要找一颗特别的螺丝钉，否则车就无法行驶。威廉翻遍了自己的小店，也没有找到那样的螺丝钉。威廉对顾客说："你别急，我一定会找到它。"说罢，威廉骑上自行车，赶了六七里路，在另一家修车店里，再次翻找了一遍，终于找到一颗那样的螺丝钉。

当威廉满头大汗地返回来，并将那颗螺丝钉安装在对方的车上时，对方拿出十英镑来感谢他，他却一分钱也不肯收。他说这是颗丢在箱底的螺丝钉，是根本没有成本的。

威廉真是太让顾客感动了。不久，这辆小车的主人特地赶来，给了威廉一个五金店让他代理经营。威廉很是惊讶，问对方为什么。

对方告诉威廉："您是这个世上，我所遇到的最诚恳、最值得信任、最无私，也是最可爱的人。"

一个正直善良的人，要急人之急，即使是对不起眼的小事也要做到"不因善小而不为"。

多给人帮助，就会处世顺心

有一天，辛格和一个旅伴穿越高高的喜马拉雅山脉的某个山口，他们看到一个躺在雪地上的人。辛格想停下来帮助那个人，但他的同伴说："如果我们带上他这个累赘，我们就会丢掉自己的命。"

但辛格不愿丢下这个人，让他死在冰天雪地之中。当他的旅伴跟他告别后，辛格把那个人抱起来，放在自己背上，他使尽力气背着这个人往前走。渐渐地，辛格的体温使这个冻僵的身躯温暖起来，那人活过来了。

过了不久，两个人并肩前进。当他们赶上那个旅伴时，却发现他死了，是冻死的。

辛格心甘情愿地把自己的一切，包括生命都给予了另一个人，使他保存了生命。而他那无情的旅伴只顾自己，最后却丢了性命。

需要帮助的人得到了帮助，他将获得生存的力量和希望；同样，给予帮助的人除了获得心灵的惬意和满足之外，往往也会得到意外的收获。

有些人吝于帮助别人，当自己遇到困难时，或处理自己难以处理的事情的时候，都希望别人能了解自己的处境，都想得到别人的帮助，但是却不那么容易遂愿。所以，平时要多想想别人的难处，多给别人帮助，这样你就会处世顺心，没有烦恼，遇到困难也不会怕了。

好取吝予，只会让自己失去更多的帮助

生活中每个人都会遇到需要别人帮助的时候，无论是多么能干的“独行侠”，恐怕都不例外。同时，我们每个人在需要帮助的时候，差不多都希望别人伸出援手，而拒绝别人帮助的人恐怕没有几个。

第二次世界大战期间的一天，大雪纷飞，滴水成冰，盟军最高统帅艾森豪威尔将军正乘车回总部参加紧急军事会议。

忽然，将军看到一对法国老夫妇坐在马路旁边，冻得簌簌发抖。他立即命令身边的翻译官下车了解详情。一位参谋急忙阻止说：“我们得按时赶到总部开会，这种事还是交给当地的警方处理吧！”

艾森豪威尔却坚持说：“等到警方赶到的时候，这对老夫妇可能早已冻死啦！”

原来，这对老夫妇准备去巴黎投奔自己的儿子，但因为车子抛锚，前不着村，后不着店，正不知如何是好。

于是艾森豪威尔立即把这对老夫妇请上车，特地绕道将这对老夫妇送到家后，才风驰电掣地赶去参加紧急军事会议。

艾森豪威尔的善心义举得到了意想不到的巨大回报。原来，那天几个德国纳粹狙击手正虎视眈眈地埋伏在艾森豪威尔原本必经的那条路上，如果不是因为助人而改变了行车路线，他恐怕很难躲过那场劫难。

我们需要别人帮助，这就意味着必须有提供帮助的人。

有一些人，好取吝予，对别人的帮助来者不拒，自己却不愿意慷慨地帮助别人，认为这是吃亏。如果社会上这样的人多了，那么，我们每个人能够获得的帮助必然少了许多。

放下身段，做有益他人的事

在佛罗伦萨市，人们经常看到一位年老体残的老兵坐在一座公共建筑物的台阶上拉小提琴。老兵身边站着一条忠诚的狗，它的嘴上衔着老兵的帽子。不时地，经过这里的人向帽子里放上一枚硬币。一天，有一个绅士路过。他停了下来，向老兵要过了小提琴。他先调了调音，接着就演奏起来。

一下子，围上了不少围观者。在人们的眼前出现了这样的景观：有一位穿着体面的绅士正在拉小提琴。小提琴拉得太棒了！路人们都情不自禁地陶醉于其中。只见，捐给那个老兵的钱越来越多。帽子变得非常沉重，以至于那条狗衔不住而发出呜呜声。帽子里的钱被老兵取空了，但很快地又被装满了。聚集到这里的人还在增多。这位演奏者又演奏了《祖国的天空》系列曲中的一首，然后，将小提琴归还给它的主人，耸耸肩膀，飘然而去。

这时，一个围观者终于从美妙的余音中醒来喊道："这个人就是世界闻名的小提琴家阿玛德·布切，他出于善意做了帮助老兵的好事，让我们向他学习吧!”大家纷纷响应，于是，帽子在一个又一个人的手中被传递着，很快又收集到了一大笔捐款，这笔捐款全部交给了老兵。布切先生并没有拿出自己的一个便士，但他却使老兵的一天都在一种充满幸福的心情中度过。

这个故事显示出了艺术家助人为乐的境界。帮助别人的方式有很多，只要你舍得放下身段，就会做出有益他人的事。诗人阿姆斯贝理说：“具有善良、温柔、优雅的个性，在同情他人时表现得慷慨大方，并且，时刻关注你身边的人，那么，你将受到人们对你的崇敬和赞美。”

用爱丈量生命的形式

有一个病患女孩急需眼角膜，可等了很长时间也没有等到捐献者。恰巧医院收治了一位生命垂危的年轻人。艾尔丝医生出于一个医者的责任，与年轻人的家长商量能否捐出眼角膜，年轻人的父亲答应了。可是，年轻人的母亲却不同意，并且骂起艾尔丝医生：“你根本不配做一名医生，也不配做一个女人，因为你根本不懂得一位母亲的心。”

艾尔丝医生没有放弃，继续做这位母亲的工作。年轻人的母亲发了疯似的喊，不许任何人动她儿子的一根毫毛，哪怕他不在这个世界了！艾尔丝医生从医多年来，什么棘手的问题都碰到过，却没遇到过这么难办的事情。一边是女孩的母亲苦苦哀求，一边是男孩的母亲拼命守护。

最后，也许被艾尔丝医生劝得急了，那位悲痛而愤怒的母亲大声地说：“你觉悟高，怎么不让你的家人来捐献?”

艾尔丝医生一下子愣在那里，顿时无话可说。她想：“是的，平心而论，我能那么做吗?”

不知什么时候，艾尔丝医生的母亲出现在病房门口，并轻轻地喊了一声艾尔丝医生的名字。艾尔丝医生一扭头，只见母亲泪流满面地站在那里，身子有些微的颤抖。艾尔丝医生的母亲住院一段时间了，癌细胞已扩散到了整个胸部。艾尔丝医生站了起来，去搀扶母亲，并问她不在自己的病房躺着跑到这里来干什么。

“孩子，你看妈妈的眼角膜能给那个孩子用吗?”母亲说，态度是那么诚恳。

病房里一下子安静下来，几乎所有人的目光都投向艾尔丝医生的母亲。艾尔丝医生几乎不敢相信，这话是从她母亲嘴里说出来的。她母亲最不能忍受的就是残缺，可她竟然情愿让自己残缺着离开这个世界。

后来，那个男孩的母亲含着泪同意把儿子的眼角膜捐献给那个女孩，男孩母亲的改变让所有人感到欣慰，且都知道是艾尔丝医生的母亲主动捐献眼角膜打动了男孩的母亲。男孩母亲的一句话让许多人都落下泪水，她说：“我也想让儿子的眼睛，一直看着我……”

捐献眼角膜，可以让爱在另一个生命上得以延续，男孩的母亲终于明白了这个道理。

爱是可以以生命的形式保留的，你舍得爱别人、帮助别人，对方接受、被感动，自然也会去爱其他人、帮助其他人。

相互帮助是美好的

史密斯先生在夏威夷工作，有一天外出锻炼摔了一跤，伤了腿，只得一瘸一拐地往回走。一辆车停下来，司机探出头问：“先生，你怎么了，需不需要帮助?”史密斯先生指着前面不远处的家，说：“谢谢，我没问题。”司机开车走了。过了一会儿，又有一辆车停下来，司机问：“先生，你需不需要帮助?”史密斯先生摇摇头。那辆车缓缓开走了。司机还回头朝他看看。没过多久，又有一辆车停下来，司机又问史密斯先生需不需要帮助，他车上有药箱。史密斯先生仍然说不用。

史密斯先生快走到家的时候，救护车赶来了。医生说：“是车牌号为×××的司机帮你打的电话。”

史密斯先生对朋友说：“美国是一个‘陌生人’的社会，同事之间、朋友之间、邻居之间好像离得很远，但一旦你需要帮助时，你会觉得大家贴得很近。”

为什么会这样呢？史密斯先生后来终于想明白了，相互帮助是美好的。如果灾难发生在别人身上时得不到帮助，发生在你身上时你也同样得不到帮助。

史密斯先生后来在会计师彼特身上进一步得到了启示。

彼特是个满怀雄心壮志的企业新贵，他告诉自己，凡事一定要精打细算，绝对不能浪费任何资源，绝对不放弃任何机会，要让自己随时保持在优势状态，无论大小事情，绝不让别人超越自己一步！他甚至还运用了一些神不知鬼不觉的手腕，把许多同业人士压在自己底下，以确保自己的地位。

后来，彼特获得了丰厚的收入，占尽了所有的好处，成了一个高高在上的商场大亨。可是他并不快乐，总觉得生活里缺少了点儿什么，于是他越来越郁闷，越来越没笑容，最后，他得了轻微的忧郁症。

一个朋友介绍他去看了一位心理治疗师。治疗师在了解了他的情况后，只在他的处方上写了一句话：“每天放下身段，去帮助一个身旁的人。”然后，便要他拿回去，两个礼拜后再回来复诊。彼特觉得莫名其妙，但还是把处方单拿回家了。

两个礼拜以后，彼特又来到治疗师面前，但这次却是堆满笑容地推开了门。“情况怎么样?”治疗师问。彼特开心地回答：“真是太奇妙了！当我肯牺牲自己的时间、精力去替旁人服务后，反而会有一种说不出口的欣喜感呢!”

人与人之间的互动，就如坐跷跷板一样，不能永远固定某一端高、另一端低，而是要高低交替，这样，整个过程才会好玩，才会快乐。一个永远不肯吃亏、不愿让步的人，即便真讨到了不少好处，也不会快乐。因为自私的人如同坐在一个静止的跷跷板顶端，虽然维持了高高在上的优势位置，但整个人际互动却失去了应有的乐趣，对自己或对方都是一种遗憾。

帮助他人，升华自己

多年前，在美国弗吉尼亚州北部，一个寒冷的晚上，一位老人等待骑手带他过河，他的胡须已经结上了一层冰凌。等待似乎永无止境，在冰冷的北风中，他的躯体渐渐麻木和僵硬了。当几个骑手路过时，他忧心忡忡地看着他们。第一个骑手走过时，他没有起身引起骑手注意。马沿着冰冻的路面奔跑着逐渐远去，蹄声均匀而急速。

第二个、第三个人都这样过去了。当最后一个骑手经过老人坐的地方时，老人已像一个雪人一样，他看着骑手的眼睛，吃力地说：“先生，您不介意带一个老人过河吧?我已经找不到路了。”

骑手拉住马，回答：“当然，上来吧。”看到老人冻僵的身体已经不可能起身，他下马扶老人上马。骑手不仅带着老人过了河，还把他送到了目的地。

当他们来到温暖的小屋时，骑手好奇地问：“老先生，前面几个骑手走过时，你没有请他们带你，然而我经过时，您却即刻请求我，我觉得很奇怪，这究竟是为什么？在这样寒冷的冬夜，您为什么情愿等待并请求最后一个骑手呢？如果我拒绝，您怎么办？”

老人慢慢地从马上下来，直视着骑手的眼睛说：“我想我对人有一定的了解。我看看他们的眼睛，就能知道他们并不关心我的处境，请求他们帮助是没有用的。可是在您的眼神里，我看到了友善和同情。我相信，在我需要帮助时，您的善良品德会赐予我脱离困境的机会。”

一席温暖人心的话感动了骑手。“非常感谢您刚才所说的，”他告诉老人，“我以后绝不会因自己的事太忙，而忽略其他人友善和同情的需要。”说完，托马斯·杰弗逊掉转马头向白宫奔去。

帮助了他人，也就升华了自己。一个人也许没有很好的天赋，但是，你一定要有良好的舍得习惯，你一旦养成了良好的舍得习惯，你就能够积聚人气，就会给自己带来巨大的收益。

这代表一束花

有一个人在拥挤的车流中开着车缓缓前进，在遇红灯停车等候的时候，一个衣衫褴褛的小男孩敲着车窗问他：“叔叔，您要不要买花？”他摇开车窗，刚刚递出去5元钱绿灯就亮了，后面的人便猛按喇叭催着他。他急躁起来，态度粗暴地对问他要买什么颜色花的男孩说：“什么颜色都可以，你只要快一点儿就行了！”那男孩十分礼貌地说：“谢谢您，先生！”递上一束花。

在开了一小段路后，他有些良心不安，他粗暴无礼的态度却得到对方如此有礼的回应，而且对方还是一个孩子。于是，他把车停在路边，回头走向孩子表示歉意，并且给了他 5 元钱，说：“你买一束花送给自己喜欢的人。”这个孩子笑了笑，一边道谢一边接受了。

当他回去发动车子时，发现车子出了故障，动不了了。在一阵忙乱之后，他决定步行去找拖车帮忙。正在思索时，一辆拖车竟然已经迎面驶来，他大为惊讶。司机笑着对他说：“有一个小孩给了我 10 元钱，要我开过来帮你，还写了一张纸条。”他打开一看，上面写着：“这代表一束花。”

生活在社会大群体里的你我，总会有人为你担心、替你着想。享受着感情雨露的人们不要做粗暴无礼的人，要常存一份感激之心，常怀一种舍得之心，使人们的关系更加和谐。

布莱克儿子的画像

布莱克疯狂地热爱着艺术，拼命地工作，努力地节衣缩食，几十年后，从伦勃朗、毕加索到其他著名画家的作品，他是应有尽有。

布莱克漂亮的妻子因为难产早早地逝去了，他仅有一子。儿子长大后受父亲影响，也成了一名收藏家。布莱克对此感到十分欣慰。时局动荡，国家突然卷入了一场战争，儿子参军去了。不久，战争结束了，儿子却没有回来。

儿子的死对他来说无疑是一个重大打击，他一下子苍老了许多。圣诞节到了，但他一点儿都不快乐，甚至连饭都懒得吃，因为他实在无法想象没有儿子的日子该怎么过。

突然，门铃响了，打开门，只见一个年轻人拿着个小包站在面前。

“先生，也许您不认识我。我就是您儿子牺牲时救下的那个伤兵。”说到这里，年轻人变得很激动，“我不是个有钱人，没有什么值钱的东西送给您，以感谢您儿子对我的救命之恩。我和您儿子是好朋友，我听他说过您爱好艺术，虽然我不是十分擅长画画，但我还是凭着记忆为他画了幅肖像，希望您收下。”

布莱克接过包裹，一层一层慢慢打开，端详了一下，然后颤抖地走上楼，来到画室，取下了壁炉前毕加索的画，然后挂上儿子的肖像。年轻人站在他身边，看着画作。布莱克老泪纵横地对年轻人说：“孩子，这是我一辈子最珍贵的收藏。对我来说，它是我的生命，它比我家任何一件作品都值钱!”

一年后，终日忧郁不乐的布莱克去世了。他收藏的所有艺术品都托付他的律师进行拍卖。拍卖会定于圣诞节举行。来自世界各地的博物馆长和私人收藏家纷纷从不同的方向赶来，他们急切地想在这场拍卖会上竞拍。

拍卖师声音洪亮地说：“首先，非常感谢各位的光临！现在开始拍卖：第一件拍卖品是我身后这幅肖像画。”话音一落，后排立即有人大声叫喊：“这不过是布莱克儿子的画像。我们感兴趣的是绝世真品，请直接进入名画拍卖吧!”拍卖师解释：“不行，先生有遗言在先，先得拍卖完了这幅画像，其他才能继续。”

会场再一次静下来了。拍卖师说：“这幅画起价100美元。谁愿意投标?”

会场依然很安静。

拍卖师又问：“50美元，有人愿意出吗?”还是没人答话。

拍卖师继续问：“40美元，有人愿意出吗?”仍然没有人吭声。

拍卖师这时有些沮丧，由于紧张，他的声音都变得有些颤抖了，他有气无力地问：“所有在座的诸位是不是没人愿意对这幅画进行竞拍?”

大概沉静了几秒钟之后，一个满脸沧桑的老人站起来说：“先生，10美元可以吗？这里所有人都知道，10美元是我的全部家当了。我是布莱克的邻居，我很喜欢他的儿子，我是看着他长大的。说实话，我很想念他，我想买这幅画，10美元可以吗?”

拍卖师怔了一下，然后说：“可以。10美元，一次；10美元，两次，成交!”

人群中立即爆发出一阵欢呼，人们议论纷纷：“嘿，太棒了，现在终于可以进入正题了。”

拍卖师立即说：“再次感谢各位的光临！很高兴各位能来参加这个拍卖会。今天的拍卖会到此结束!”

人们觉得很奇怪，有些人甚至有点儿被激怒了，叫喊：“这是什么意思?你要拍卖的其他作品呢!”

拍卖师神情严肃地说：“很抱歉，各位，拍卖会已经结束了。根据布莱克先生的遗嘱，谁买了他儿子的画像，谁就是他所有收藏品的新主人。这就是底价!”

乔治·艾略特说：“如果我们想要更多的玫瑰花，就必须种植更多的玫瑰。”或许生活本来就没有不平凡的含义，而在于你如何看待它，如何对待它。舍得付出的人对别人不会期许太多，因为他明白：你如何对待别人，别人也会如何对待你。要走进别人的心灵，自己就要首先敞开胸怀接纳别人。

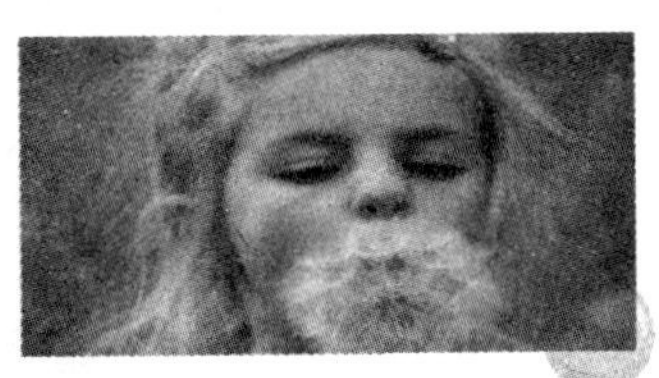

第三辑

友情如歌，给予生命中的温暖

——用心伴着友情走

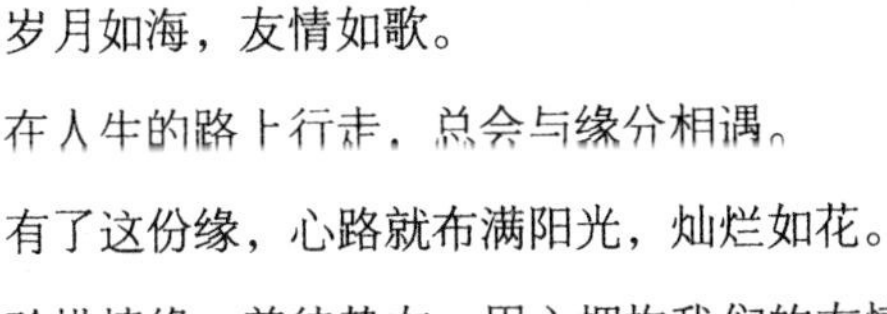

岁月如海，友情如歌。

在人生的路上行走，总会与缘分相遇。

有了这份缘，心路就布满阳光，灿烂如花。

珍惜情缘，善待挚友，用心拥抱我们的友情。

第九章　做一滴水，融入大海

如何让一滴水永不干涸？那就是将这滴水融入大海。如果自己是一滴水，就要努力寻找自己的大海。舍“小我”，得“大我”，必要时牺牲自我利益，不计个人得失，最大限度争取集体利益。

在合作中竞争，在竞争中互助

美国南部的一个州，每年都举办南瓜品种大赛。有一个农夫的成绩相当优异，经常是头奖及优等奖的得主。他在得奖之后，总是毫不吝惜地将得奖的种子分给街坊邻居。

有一位邻居很诧异地问他：“你的奖得来不易，每季都看到你投入大量的时间和精力来做品种改良，为什么还这么慷慨地将种子送给我们呢？难道你不怕我们的南瓜品种超越你的吗?”

农夫回答：“我将种子分送给大家，帮助大家，其实也就是帮助我自己!”

原来，这位农夫所居住的小镇是典型的农村形态，家家户户的田地都毗邻相连。农夫将得奖的种子分给邻居，邻居们就能改良他们南瓜的品种，这样就可以避免蜜蜂在传授花粉的过程中，将邻近的较差的品种转而传给自己。相反，如果农夫将得奖的种子私藏，则邻居们在南瓜品种的改良方面势必无法跟上，蜜蜂就容易将那些较差的品种传给自己，他就必须在防范外来花粉方面大费周折，疲于奔命。

不管是一个团队、一个组织，还是一个企业，每个人都应积极地结成联盟，分享彼此的经验和成果，共同成长、进步，共同抵御风险，在合作中竞争，在竞争中相互帮助，这样才能创造奇迹。

就某方面来看，这位农夫和他的邻居们是互相竞争的关系，然而在另一方面，双方又处于微妙的合作状态。事实上，在当今世界，如此既竞争又合作的关系是日益明显的。即使自己的优势比别人大，也应舍得与人合作，以形成优势互补。

放弃“高求”，降低标准

美国20世纪30年代有一家非常著名的机械制造公司，其产品销往全世界，并代表着当时重型机械制造的最高水平。许多人毕业后到该公司求职遭拒绝，原因很简单，该公司的高技术人员爆满，不再需要各种高技术人才。但是，令人垂涎的待遇和引以自豪、炫耀的地位对那些有志的求职者而言仍然闪烁着诱人的光环。

60年后，这家名叫维斯卡亚的公司依旧基业常青。詹姆斯和许多求职者的命运一样，在该公司每年一次的用人测试会上被拒绝申请。其实这时的用人测试会已经是徒有虚名了。詹姆斯并没有死心，他发誓一定要进入维斯卡亚重型机械制造公司。于是他采取了一个特殊的策略——放弃自己的专长，接受基层工作。

他先找到公司人事部，提出为该公司无偿提供劳动，请求公司分派给他任何工作，他都不计任何报酬来完成。公司领导起初觉得这简直不可思议，但考虑到不用任何花费，也不用操心，于是便分派他去打扫车间里的废铁屑。一年来，詹姆斯勤勤恳恳地重复着这种简单而劳累的工作。为了糊口，下班后他还要去酒吧打工，这样虽然得到老板及工人们的好感，但是仍然没有谁提到录用他的问题。

到了 1990 年，公司的许多订单纷纷被退回，理由均是产品质量有问题，为此公司将蒙受巨大的损失。公司董事会为了挽救颓势，紧急召开会议商议解决。当会议进行一大半却尚未见眉目时，詹姆斯闯入会议室，提出要直接见总经理。在会上，詹姆斯针对这一问题出现的原因做了令人信服的解释，并且就设计上的问题提出了自己的看法，随后拿出了自己对产品的改造设计图。这个设计非常先进，恰到好处地保留了原来机械的优点，同时克服了已出现的弊病。总经理及董事会的董事见到这个编外清洁工如此精通业务，便询问他的背景以及现状。詹姆斯面对公司的最高决策者们，将自己的意图和盘托出。经董事会举手表决，詹姆斯当即被聘为公司负责生产技术问题的副总经理。

原来，詹姆斯在做清扫工时，利用清扫工可以到处走动的便利条件，细心察看了整个公司各部门的生产情况，并一一做了详细记录，发现了所存在的技术性问题并想出解决的办法。为此，他花了近一年的时间搞设计，做了大量的统计数据，为最后一鸣惊人奠定了基础。

每个学生都得进入社会参加工作，这个故事说明了这个道理：要进入某个群体或者团队，你如果无法抬高身价，那么不如“舍得”——暂时放弃自己的“高求”，降低自己的标准，选择别人轻视的位置，然后把这个位置作为自己的立足点，一步步迈向你最初看好的位置。

面向人，以人为核心

一个星期六，人们都度假去了，美国休-帕公司的老板比尔却悄悄地到属下的一个工厂巡视，他发现那里的实验室库房区上了锁，便立刻跑到维修班，找到一把螺丝刀，把库房门上的锁撬了下来。

星期一早上，上班的人们读到了他留下的一张字条："永远不要将此门锁上，谢谢!"

为什么不要上锁？这正是休-帕公司不同凡响的特点的一种表现。休-帕公司对自己的雇员的信任充分体现在"实验室库房开放政策"之上。公司的工程师们不但可以自由出入库房取用物品，而且他们被鼓励将零配件带回家供个人或家庭使用。老板这样做的理由是：不论他们拿这些零部件或设备做什么用，不论是否与他们的工作有关，只要他们在这些零部件或设备上下功夫，或者在公司，或者在家里，他们都会学到东西，从而增强公司的技术革新能力。

这一政策是他们"以人为中心"的经营哲学的体现。结果是全体员工的献身精神增强了，员工走到一起往往谈的是产品质量之类的问题，大家都为公司及自己部门的成就而自豪。

他们把这种"培养团队精神，面向人，以人为核心"的经营哲学称为"休-帕方式"。老板比尔说："这些听起来有些陈腐，但我们由衷地、诚心诚意地相信这种哲学。"

舍得也是一种管理需要。只有善于判断、思考、选择、创造适合于当时当地的管理方式的人，才有希望找到赢的策略。

每一双手都要去搀扶

一只迷路的小鸟焦急地寻找它的妈妈。终于，又累又渴的小鸟从半空中掉了下来。小鸟落在了池塘里的一张荷叶上，绿色的荷叶像一张宽大舒适的床，小鸟在上面睡着了。这时候，一只大苍蝇飞来停在小鸟的眼皮上，它却毫无知觉。但这一切都让在水里探头探脑的小鲫鱼看见了。“哦，多可怜的小鸟啊！它再不醒来，也许会饥渴死的！”

小鲫鱼用尾巴使劲地拍打着水面，一串串水花溅上了荷叶，有几颗水珠跳进了小鸟的嘴巴里。小鸟从干渴中苏醒过来了，它扑扇扑扇翅膀，又喝了几口水，终于恢复了精力。小鸟很感激小鲫鱼，小鸟说：“谢谢小鲫鱼！我妈妈是管理这里山林、田野、湖泊的女神。我一定请她封你当这个池塘里的王！”而小鲫鱼说：“不，我不想当王。不过，我有个愿望，现在常有人来我们这儿钓鱼和游泳，我的哥哥、姐姐还有很多好朋友都成了钓鱼者和游泳者的牺牲品。我们太需要以前那种安宁的生活了！”小鸟想：“妈妈能管理山林、田野、湖泊，可是我们管理不了人类呀！”

回到妈妈身边的小鸟，一心想要报答小鲫鱼，替小鲫鱼实现愿望。小鸟冥思苦想起来：“到底怎么做，才能阻止钓鱼者和游泳者呢？”小鸟想啊，想啊，终于，它想出了一个实现小鲫鱼愿望的方法。

小鸟请妈妈和自己的伙伴们施展自己的能力，收集到很多的水草种子，并将种子撒进了小鲫鱼住的池塘。不久以后，小鲫鱼住的池塘里长出很多很密的水草。于是，去池塘钓鱼人的鱼钩，总是被茂密的水草缠住，游泳人的手脚，也常常被水草牵住。钓鱼的人说：“这里不能钓鱼了。”游泳的人说：“这里不能游泳了。”小鲫鱼高兴极了，它伸出头来和荷叶上的小鸟聊起了天。

在现代社会中，仅凭个人的苦思冥想和努力就想抵达成功的彼岸，有着不可想象的艰难。但我们每一个人都有一双与众不同的手，如果每一双温暖的手都伸出来，彼此搀扶，就会更容易抵达成功的彼岸。

上下一心，同舟共济

威罗比·马柯米克先生是个彻头彻尾的独裁经营者，而且是这类经营者中的精英，但他的管理方法已经远远落后于时代的潮流，加之经营不善，威罗比先生一手创办的世界著名香料公司马柯米克公司终于面临这样的困境：除非将所有员工的薪水减去10%，否则，公司的收支将无法实现平衡。

雪上加霜的是，就在这个时候，威罗比先生抛下面临危机的公司，撒手人寰。

临危受命的是老马柯米克的侄子查理斯·马柯米克先生。查理斯先生出任公司董事长，上任伊始，他召集公司全体员工，非常诚恳地说：“从今天开始，所有员工的工资均增加10%，工作时间缩短。我们公司的命运完全担负在诸位的双肩上了，希望大家努力工作，力挽狂澜，拯救自己的公司。在这里，我拜托大家了，谢谢！”

在场的公司员工们简直不敢相信自己的耳朵，个个呆若木鸡，百思不解。因为困难摆在眼前，就当时的恶劣情况而言，将公司员工的薪水砍掉10%尚不足以渡过难关，谁会想到新主管查理斯先生却给大家加薪10%，而且工作时间大大缩短。

当员工们终于明白新主管加薪之举是为了表示他对全体员工的完全依赖时，公司上下立即士气高涨。结果在短短的一年时间里，马柯米克公司就扭转了亏损的局面。公司总会遇到挫折，每当此时，尤其是碰到较大的困难时，老板在悲观失望的思维定式中，首先想到的往往是减薪裁员，而减薪裁员将使员工那本来就脆弱的心理再受打击，谁还会和老板同心同德呢？

查理斯·马柯米克先生的智慧在于，虽然面临危机，却没有武断作出减薪裁员的决定，反而加薪减时，设法激励员工的士气，以期收到上下一心、同舟共济的效果。10%的额外薪资成本，换来的是巨大的无形资产——企业士气，这不是金钱所能衡量的。裁员？加薪？相比之下，孰优孰劣，不言自明。

神奇的汤石

有一个装扮奇特的人来到一个小村庄，他在路上走着，看到迎面走来了几个妇女，就对她们说："我有一颗神奇的汤石，如果把它放到沸腾的锅里，就可以煮出一锅美味的汤来。如果你们不相信，我现在就可以煮给你们喝喝看。"

大家都感到很奇怪，甚至有点儿不相信，一块石头怎么会煮出味道鲜美的汤呢？但她们又都想知道世界上是不是真有这么神奇的石头。

于是便有人找来一口大锅，有人提了一桶水，并且架上炉子和木柴，就在村子的广场上煮了起来。火势很快就上来了，锅里的水在熊熊的火焰中开始沸腾。

陌生人很小心地把汤石放到滚烫的水中，然后用汤匙尝了一口，兴奋地说：“哇！太好喝了，这是我做的最鲜美的汤。如果再加点儿洋葱就好了。”

一个妇女兴冲冲地跑回家拿了几只洋葱。陌生人让大家把洋葱剥好，放到了锅里，然后开始搅拌。做完这一切陌生人又尝了一口说：“太棒了，不过，我相信如果再放一些肉片，这锅汤就会成为你们喝过的最香的汤了。”

屠夫的妻子听后连忙赶回家端来一大盆切好的肉，倒在了锅里。陌生人又建议道：“再有一些蔬菜就更完美了。”

在陌生人的指挥下，有人拿了盐，有人拿了酱油，还有人捧来了其他的调味品。当大家一人端着一个碗在那里享用时，她们发现这果真是一锅美味好喝的汤。

大家都不知道这是怎么一回事，世界上难道真的有这么神奇的石头吗？

石头就是普通的石头，汤也不过是普通的洋葱肉汤，但是加入了超人的智慧和大家的努力，这锅汤怎么会不好喝呢？一个人可以聪明绝顶、能力过人，但若不懂得积极热心地培养和谐的合作关系，不论能力有多大，做事时都只会事倍功半。不积极热心的人在群体中只会做好被吩咐的工作，愿意付出的人就算能力有限，却能带动团体，集合众人的力量，使工作加倍顺利地进行。

赞赏比物质的鼓励更重要

韩国某大型公司的一个清洁工，本来是一个最被人忽视的角色，但就是这样一个人，却在一天晚上公司保险箱被窃时，与小偷进行了殊死搏斗。

事后，有人为他请功并问他当时的动机，答案却出人意料。他告诉人们：

当公司的总经理从他身旁经过时，总会不时地赞美他“你扫的地真干净”，于是他特别高兴并愿意在关键时挺身而出。

你看，这么一句简简单单的话，就使这个员工受到了激励。

生活中的每一个人都有较强的自尊心和荣誉感。你对他们真诚地表扬与赞同，就是对他们价值的最好承认和重视。而能真诚赞美他人的人，能使对方的心灵需求得到满足，并能激发他们潜在的“善念”。

某王爷手下有个著名的厨师，他的拿手好菜是烤鸭，深受王府里的人喜爱，尤其是王爷，更是对其倍加赏识。不过这个王爷从来没有给予过厨师任何鼓励，使得厨师整天闷闷不乐。

有一天，王爷有客人从远方来，在家设宴招待贵宾，点了数道菜，其中一道是王爷最喜爱吃的烤鸭。厨师奉命行事，然而，当王爷夹了一个鸭腿给客人时，却找不到另一个鸭腿，他便问身后的厨师说：“另一个腿到哪里去了?”

厨师说：“禀王爷，我们府里养的鸭子都只有一只腿!”王爷感到诧异，但碍于客人在场，不便问个究竟。

饭后，王爷便跟着厨师到鸭笼去查个究竟。时值夜晚，鸭子正在睡觉。每只鸭子都只露出一只腿。

厨师指着鸭子说：“王爷你看，我们府里的鸭子不全都是只有一只腿吗?”

王爷听后，便大声拍掌，吵醒鸭子，鸭子当场被惊醒，都站了起来。

王爷说：“鸭子不全是两只腿吗?”

厨师说：“对！对！不过，只有鼓掌拍手，才会有两只腿呀!”

王爷一愣，然后笑了笑，他终于明白，对他人要多肯定、表扬、赞赏，多说“你是最棒的”“做得非常出色”……这样，对方会迸发激情，得到自信与满足。

在对方情绪低落时，激励奖赏是非常重要的。舍得，不仅仅是送人物质，还要经常在公共场所表扬绩佳者或赠送一些礼物给表现特佳者，以资鼓励，激励他们继续奋斗。一点儿小奖励，可调动对方的积极性，何乐而不为呢？

与人分享，才能同乐

一个人要实现人生的理想，单打独斗是行不通的。你需要与其他人携手合作，把大家的才华、技能、所学的知识、所受的训练与所有的专长都集中起来，只要大家朝同一方向努力，就没有什么事情不能完成。

有一天，从早晨起就大雨滂沱，禅院外面的路边几个卖小吃的商贩一直没有生意。

到中午的时候，卖烤饼的人已烤好一大碟饼，他想反正也卖不出去，不如吃一块自己烤的饼。卖西瓜的人坐着无聊，也敲开了一个西瓜吃起来。卖辣香干的人忍耐不住，开始吃起辣香干来。卖杨梅的人也只好吃自己的杨梅。

雨一直下个不停，4个小商贩就这样一直吃着自己的东西。

可是，卖杨梅的吃得酸倒牙，卖辣香干的吃得嘴辣麻了，卖烤饼的吃得口渴极了，卖西瓜的吃得肚子发胀。

就在这时，从雨中缓缓走过来一位禅师，他从4个小贩手中将他们卖的东西都买齐了，然后坐在附近的亭子里吃起来，有香的、有辣的、有酸的、有甜的，味道好极了。4个小商贩看在眼里，不禁流下了口水，他们面面相觑，唏嘘连声。

过了一会儿，亭子里的禅师起身离去了。

4个小商贩把各自的东西放在一起，面对面吃起来，人人感到很甜美、很开心。这时，老禅师已在唱经阁参禅打坐了。

一个人独享成果，是一种“吃独食”的心态，这样会引起其他人的反感，会给下一次合作带来障碍。特别是当你在某个方面取得成绩时，在你高兴之余，千万别忘了与人分享。

充满苦难的手

15世纪，纽伦堡附近住着一户贫困的人家，家里的两个兄弟都喜爱美术，可父亲付不起学费。两兄弟想学美术的愿望特别强烈，经过多次私下商议，他们决定用掷硬币来定输赢——输者就到附近的矿井打工,挣钱供另一个人到纽伦堡学习。

结果弟弟赢了。弟弟到纽伦堡开始了自己的学习生涯，哥哥则下矿井挖矿为弟弟挣钱。

弟弟在学院勤奋地学习，他的艺术才能充分展现了出来，受到了人们的关注。4年后，弟弟一毕业就成了一位小有名气的画家。

圣诞节弟弟高兴地回到了家中，在全家人的聚餐上，他真诚地感谢了他的哥哥，他说是因为哥哥的牺牲，自己的愿望才得以实现。“现在，”弟弟郑重地宣布，“该我亲爱的哥哥到纽伦堡学习了，轮到我来负责你的费用。”

谁知哥哥这时却显得那么悲伤，大颗的泪珠从眼眶中不停地滚下来，他低声地呜咽着：“不……不……”最后，哥哥终于控制住了自己的情绪，他缓缓举起了自己的双手，“弟弟，我不能去学习了。看，4年的矿工生活已使我的手发生了太大变化，每根指头都遭到过骨折，关节炎已十分严重。现在，我的手连酒杯都握不稳，怎么可能再握起画笔呢？”

弟弟惊呆了，他走过去紧紧抱住哥哥那双严重变形的手，失声痛哭起来。为了表达对哥哥的感谢，弟弟认真画下了那双充满了苦难的手，并给画取了个简单的名字《手》。

这幅画的作者就是阿尔伯雷，他的《手》被公认为是世界级的珍品，直到现在仍被许多人所熟知。因为它不仅体现了一个艺术家的艺术才能，更向人们启示了一个道理：没有人能够独自取得成功。

当你能公开地对自己及他人承认，你并非独立达成某些成就，所以不能独享荣耀时，一种完美和谐的感觉就会在你的内心和你与人的合作关系中逐渐浮现。如果你身边都是正直又勤奋的人，而这些人又和你有相同的观念及类似的价值观，你就会发觉慷慨地将机会送给他人并不是件困难的事。

团队中的大舍

乔治起先不过是英国一家手工作坊的小业主，如果生意正常，通过若干年资本积累，他完全有可能变为大资本家。但是很不幸，一场经济危机使他陷入了困境，产品卖不出去，资金周转不灵，物价暴涨，他面临破产的威胁。朋友都劝他赶快裁员，以减轻负担。乔治思考良久，准备采纳朋友的建议。

消息不知怎么传到了老乔治的耳朵里。第二天清晨，老乔治来到办公室，勒令儿子收回成命。乔治不服，老乔治便现场解除了乔治的职务。中午，老乔治走进了员工餐厅，看见大家一脸憔悴、苍白，碗里只有几块土豆。老乔治立刻花 3 英镑买回两斤牛排，端进餐厅，哽咽着说："兄弟们受苦了。现在，我已解除了他的职务，并且从今以后，每天中午我和你们一起吃饭，当然，价值 3 英镑的牛排必不可少！"工人们欢呼起来。

那时候，3 英镑是个不小的数目，可以供老乔治夫妇一天的基本生活。但每天 3 英镑所带来的效益却是无法计算的，因为工人们心存感激，便拼命干活，努力降低成本，竟然使这个手工作坊慢慢渡过了难关，发展壮大，最终成为全英一家著名的电器公司，拥有资产过千万。

又要马儿跑得好，又要马儿不吃草，这种想法是愚蠢的。人们越来越注重个人在团队中的价值，"选择老板"成为众多人择业的一个要素。你重视人的作用，就应学会舍得。

关系的建立要从一点一滴开始

哈曼是一家公司的总裁，他平时对人彬彬有礼，对自己手下的员工，哈曼都以诚相待。哈曼明白，他对员工的每一次以诚相待，都将给自己带来意想不到的效果。

哈曼公司年轻的员工荣升科长的时候，哈曼特意从外地赶了回来，向这位为自己公司作出贡献的职员祝贺，令这位职员不胜感激。哈曼拍着这位年轻科长的肩膀说："你们每个人都是我必不可少的左膀右臂，因为拥有了你们，公司才能做好、做强，我们大家才能一起好。"

哈曼靠着平时的一点一滴，将自己与员工的关系处理得越来越好。在竞争十分激烈的生意场上，许多同业公司纷纷倒闭的倒闭、破产的破产，而哈曼的公司却生意兴隆，一个最重要的原因便是哈曼与员工的感情融洽，使公司上下团结一致，渡过了难关。

良好关系的建立不是一朝一夕就能做到的，必须从一点一滴入手，依靠平日的积累，并使其养成习惯。

第十章　友情的路，通往黎明

人生在世，阡陌交错，总有跌倒、受挫的时候。无论什么时候，友情之火都会点亮你内心熄灭的灯，燃出星星之火，帮你照亮前行的路。藏一段时光，撷一份友情，在前行的路上笑看过往。

朋友没有贵贱

西奥多·罗斯福是深受美国人民爱戴的总统。他之所以获得了很高的声誉，在于他能够真诚地对待每一个人。无论对方是一名议员还是一名仆人，他都像对待朋友那样对待他们。

罗斯福的贴身男仆安德烈向人们讲述了这样一个故事。

安德烈和他的妻子住在一栋小房子里，离罗斯福总统的住处很近。有一天，安德烈的妻子问罗斯福总统野鸭是什么样子，因为她一生都没离开过华盛顿，她没机会到野外去看野鸭。罗斯福总统耐心地向她描述野鸭的模样和习性。

第二天，安德烈房里的电话响了，电话那头传来了罗斯福总统的声音，他告诉安德烈的妻子，他们房子外面的大片草地上就有一只野鸭。

安德烈的妻子立刻推开窗户，她没有看见野鸭，显然总统在开玩笑。她看见了对面房屋窗口罗斯福微笑的面庞。

像罗斯福这样幽默风趣、平易近人的人，谁会不热爱他呢，即使他不是总统。

还有一次，退休后的老罗斯福拜访了白宫，他没有去客厅，也没有去接待室，而是去了厨房。他友好地同每个人打招呼："嗨，桃瑞斯，最近很忙是吗？""杰克，胃口还好吗？我想你是离不开酒瓶，什么时候我们喝一杯？"

就这样，他跟每个人都打了招呼，就像多年不见的老朋友一样。后来，在白宫服务了30年的厨师史密斯含着热泪说："罗斯福总统是那样的热情，那样的关心人，这怎能不让人感动呢？"

朋友之间没有高低贵贱之分，友好地对待他人，赢得一份尊重，也增添一份魅力。在生活中，大事不多，小事不少，你想从小事上体现对他人的关怀，随时可以如愿。你在一些不经意的小事上展示你的诚意，别人意外之余，会有一种真心的感动。

贪婪葬送友谊

有三个年轻人在小镇上看到一支送葬的队伍。他们打听到死者原来是他们的朋友：一位叫"友谊"，一位叫"快乐"，他俩被一个外号叫"死亡"的人谋杀了。年龄最小的人对他的两个朋友说："这个外号叫'死亡'的家伙到底是谁？咱们一起去找他，为咱们的朋友报仇！"

半路上，他们遇上了几位神色慌张的人。其中一位老太太告诉他们，"死亡"正在追赶他们，必须赶快逃走，否则便会被杀害，并劝年轻人也一起逃走，如果遇上"死亡"便没命了。他们告诉老太太，他们就是来寻"死亡"报仇的。在他们的再三要求下，老太太告诉他们，"死亡"就在小村子后面那座山顶上的一棵老橡树下。

他们三人兴奋地向山顶走去，并拿出随身携带的尖刀，随时准备捕杀“死亡”。但出乎意料的是，当他们高度戒备地来到那棵老橡树下时，没有看到想象中的面目狰狞的“死亡”，却发现一箱子金光闪闪的金币。他们马上丢下尖刀，欣喜若狂地数起金币来，把寻找“死亡”的事忘得一干二净。那个领头的年轻人说：“我们必须守住这些金币，否则会被认为是偷来的而被投进监狱。这样吧，我们来抽签，谁的签最短，谁就去镇上买吃的，另外两人就留下来守住这金币，明天我们就把金币分了各奔东西。”最年轻的小伙子抽到了那支最短的签，他拿着几块金币到小镇上买吃的去了。

两个守金币的人各怀鬼胎，最后他俩想出一个共同的计划：等他们的朋友带着吃的回来时，把他杀掉，然后吃掉食物，再把本该分成 3 份的金币分成 2 份。那个买食物的年轻人走进小镇时则想：如果在这些吃的食物里放进毒药，那么，那些金币就可以归我一人所有。于是，他先吃饱了，然后在食物和饮料里放进一种无色无味的烈性毒药，并于当晚回到朋友身边。不料他刚回来，便被两个朋友杀害了。剩下的两个人得意地吃着同伴买回的食物和饮料，几分钟后，他俩也中毒身亡。

三个年轻人怎么也没想到，他们也会像他们的朋友“友谊”“快乐”那样被“死亡”杀害。更想不到的是，杀害他们的“死亡”，其实是隐藏在金币后面的贪婪。无论是友谊、快乐，还是生命，都会因为贪婪走向死亡。

求大同，存小异

李斯特和肖邦都是世界闻名的音乐家，曾经作为欧洲乐坛上两颗光彩照人的明星备受人们追捧和爱戴。李斯特被誉为“钢琴大王”，肖邦有“诗人钢琴家”的美称。但是，李斯特却比肖邦成名稍早一些时候。

李斯特是匈牙利人，1811 年生于靠近奥地利的莱丁。他师从贝多芬的学生车尔尼与萨列里。1822 年李斯特在维也纳国会音乐厅进行首演，取得巨大的成功，贝多芬听后亲吻他的额头。1824 年李斯特在巴黎首次演出又获得成功。德国音乐家舒曼说：“这位艺术家好像统率着一支管弦乐大军，欢欣地领他们前进。他像统帅一样威武，听众对他的喝彩声完全不亚于士兵对拿破仑的欢呼。”肖邦是波兰人，1810 年生于一个教师家庭。1826 年，肖邦入华沙音乐学院学习作曲，成为波兰有名的音乐家。他因憎恨入侵者，不堪忍受亡国之痛，于 1830 年出国，1831 年来到巴黎。

肖邦来到巴黎以后，结识了李斯特、柏辽兹、门德尔松等音乐家。李斯特与肖邦对音乐的认识不太一样，但并不妨碍他们的交往，李斯特对肖邦的音乐才华十分赏识，他决心使肖邦在巴黎成名，获得应有的荣誉。为了能使巴黎的广大观众接受肖邦，他终于想出了一个好办法。

当时，欧洲的音乐会是不亮灯的。在一次晚间演出时，开场后是巴黎人熟悉和崇拜的李斯特端坐在钢琴前。待到台下的灯光暗下去以后，李斯特悄悄地走进了后台，由肖邦代替他进行演奏。在寂静的夜幕里，恍如行云流水般的琴声，充满了诗情画意，使得全场的听众如痴如醉，演奏一结束，掌声雷动。这时舞台上华灯齐放，观众看见立在钢琴旁的不是李斯特，大为愕然。

这时李斯特走出来把肖邦向观众做了介绍。经过李斯特的巧妙安排，肖邦从此名噪巴黎。肖邦的成功没有遮掩李斯特的光芒，他们各自在音乐殿堂里探索着，取得了举世瞩目的成就。

肖邦的迅速成名，除了自身的音乐才华外，与李斯特的帮助是分不开的。大智者共事，常常能够求大同，存小异。在原则性的问题上，大家各自摆明自己的观点，经过讨论或争论之后，总能够达成一致，较少固执己见。他们很会取人长，补己短。这样的人进步是很快的，也容易与人相处。

好朋友，给你自省的力量

善良者的友爱是完美的，而且善良者有着相类似的德性。善良的人们不仅自己快乐，而且还相互分享着快乐。只有这样的友谊才称得上永恒的，因为友谊所应有的东西都寓于其中了。一切友谊或者由于善而存在，或者由于快乐而存在，不论由于什么，都有某种类似之点。

公元前 4 世纪，意大利的一个叫皮斯阿司的小伙子触犯了暴虐的国君奥尼索司，被判处绞刑。身为孝子的他请求回家与双亲诀别，可始终得不到暴君的同意。

就在这时，他的朋友达蒙愿暂代他服刑，并同意：“皮斯阿司若不如期赶回，我可替他受刑。”这样，暴君才勉强应允。

行刑之期临近，皮斯阿司却杳无音信。人们都嘲笑达蒙，竟然傻到用生命来担保友情！当达蒙被带上绞刑架，人们都悄无声息地看着这悲剧性的一幕时。突然，远方出现了皮斯阿司，飞奔在暴雨中的他高喊：“我回来了！”

继而热泪盈眶地拥抱着达蒙做最后的诀别。

这时，所有的人都在拭泪。国君出人意料地特赦了皮斯阿司，他说：“我愿倾己所有来结识这样的朋友。”

好朋友的人格可以映照你的人格，他可以在你怯懦的时候给你勇气，他可以在你犹豫不前的时候给你一种果断。一个好朋友，他会给你内心增加一种自省的力量，好朋友不会使你堕落或者放纵自己，而会让你从他的包容中找到自己的弊病，找到自己的缺失。

友情经过苦难的考验才会珍贵

一天，几发迫击炮弹突然落在一个小村庄的一所由传教士创办的孤儿院里。传教士和两名儿童当场被炸死，还有几名儿童受伤。其中有一个小姑娘，大约8岁。

有人立刻奔向附近的小镇要求紧急医护救援。这个小镇和美军有通信联系。终于，美国海军的一名医生和护士带着救护用品赶到小村庄。经过查看，小姑娘的伤最严重，如果不立即抢救，她就会因为休克和流血过多而死去。

输血迫在眉睫，但得有一个与她血型相同的献血者。经过迅速验血表明，两名美国人都不具有她的血型，但几名未受伤的孤儿却可以给她输血。

医生和护士都不会说当地话，他们用临时编出来的大量手势，竭力想让他们幼小而惊恐的听众知道，如果他们不能补充这个小姑娘失去的血，她一定会死去。

他们询问是否有人愿意献血。每个孩子都睁大了眼睛迷惑地望着他们。过了一会儿，一只小手缓慢而颤抖地举了起来，但忽然又放下了，然后又一次举起来。

“噢，谢谢你。”护士用法语说，“你叫什么名字?”

“恒。”小男孩答道，然后躺在草垫上，伸出一只胳膊。他的胳膊被酒精擦拭以后，一根针扎进他的血管。输血过程中，恒一动不动，一句话也不说。

过了一会儿，他忽然抽泣了一下，全身颤抖，并迅速用另一只手捂住了脸。

“疼吗，恒?”医生问道。恒摇摇头，但一会儿，他又开始呜咽，并再一次试图用手遮掩他的痛苦。医生问他是否针刺痛了他，他又摇了摇头。

医疗队觉得显然有点儿不对头。就在此刻，一名当地护士赶来援助。她看见小男孩痛苦的样子，用极快的话向他询问，听完他的回答，护士用轻柔的声音安慰他。顷刻之后，他停止了哭泣，用疑惑的目光看着那位护士。护士向他点点头，一种消除了顾虑与痛苦的释然表情立刻浮现在他的脸上。

当地护士轻声对两位美国人说：“他以为自己就要死了，他误会了你们的意思。他认为你们让他把所有的鲜血都给那个小姑娘，以便让她活下来。”

“但是，他为什么愿意这样做呢?”海军护士问。

当地护士转身问这个小男孩：“你为什么愿意这样做呢?”

小男孩只回答：“她是我的朋友。”

听见这种回答，所有人都震撼不已。没有人奉献的爱比这更伟大的了，他为了一个朋友，愿意献出自己的生命。

“一人有难，众人相助”，何况是朋友有难，你更应该主动而迅速地站到对方身边，送去温暖的关怀，送去心灵的慰藉。即使不能与朋友共担痛苦，也要想办法减轻朋友的痛苦。友情经过苦难的考验才会珍贵，友谊经过痛苦的历练方显价值。

要为朋友的成功感到高兴

19 世纪，英国化学家戴维发现了法拉第的才能，并将这位铁匠之子、小书店的装订工招到皇家学院做他的助手。

法拉第进入皇家学院后进步很快，接连搞出多项重要发明，就连戴维曾经失败的领域他也取得了成功。然而，当法拉第的成就超过戴维之后，戴维便燃起了忌妒之火，不仅一直不改变法拉第实验助手的地位，还诬陷他剽窃别人的研究成果，极力阻拦他进入皇家学会。这大大影响了法拉第创造才能的发挥。直到戴维去世，法拉第才开始其真正伟大的创造。

戴维本应享受伯乐的美誉，却因忌妒心理阻碍了法拉第的迅速成长，给科学发展带来了损失，也使自己背上了阻碍科学发展、使科学蒙羞的恶名，留下了令人遗憾的人生败笔。

近代科学的开创者牛顿对于研究成果非常大方。他有三大成就——光学分析、万有引力定律和微积分学，为现代科学的发展奠定了基础。每当在科学上获得伟大成就时，牛顿从不沾沾自喜、自以为很了不起。他费尽心血得出“万有引力定律”后，没有急于发表，而是继续孜孜不倦地深思了数年，研究了数年，埋头于数字计算之中，从未对任何人讲过一句。

后来，牛顿的朋友、大天文学家哈雷（彗星的发现者）在证明一个关于行星轨道的规律遇到困难时，专程登门请教牛顿。牛顿很大方地把自己关于计算“万有引力”的书稿交给哈雷看。哈雷看后才知道他所要请教的问题正是牛顿早已解决、早已算好的问题，心里钦佩不已。

在 1684 年 11 月，哈雷又到牛顿的寓所拜访。当谈到有关天文学的学术问题时，牛顿拿出论证“万有引力”的论文，请哈雷提意见。哈雷看后，对这部巨著感到非常惊讶。他欣喜地对牛顿说：“这真是伟大的论证，伟大的著作！”他再三劝说牛顿尽快发表这部伟大著作，以造福于人类。可是，牛顿仍然没有轻易地发表自己的著作，而是经过长时间一丝不苟地反复验证和计算，确认正确无误后，才于1687年将《自然哲学的数学原理》发表于世。

朋友之间最怕自私和忌妒，自己不如别人，就想方设法拖住别人，不让别人进步，以此来满足自己的病态心理，这种忌妒心一旦滋生起来，不仅对自己的进步不利，还会妨碍别人的进步，甚至会影响整个社会的进步。

好朋友，事业成功的帮手

著名的物理学家、诺贝尔物理奖获得者杨振宁教授堪称与人合作的典范，他重要的成果杨—密尔斯的规范场理论是他与密尔斯密切合作的结果。1942年，杨振宁在西南联大读研究生时，就对电荷守恒与规范不变性之间的关系，特别是电磁本身的结构可由规范不变性这单一的要求所唯一地确定这一事实有了深刻的印象。后来杨振宁在芝加哥大学做博士研究生期间，接触到一些新的理论与实验之后，他又试图发展他的想法：把规范不变性推广到其他守恒上去。

为了杨—密尔斯的规范场理论，杨振宁倾注了12年心血。可后来，当他碰到密尔斯之后，他却无私地把自己的思想告诉这位素昧平生的同行。当时的密尔斯只是一名研究生，只因二人兴趣相同，便一同投入到杨—密尔斯的规范场理论的研究中去，密尔斯也为杨振宁的真诚与慷慨所感动，他们密切合作，各施所长，很快在关键问题上获得了突破，于是杨—密尔斯的规范场理论诞生了，杨振宁在科学界又多了一个真心相助的朋友。

当今社会人与人之间的联系与交往更加密切，需解决的问题越来越复杂，只凭个人的能力是办不成大事的。这就要求人与人之间进行合作，而这种合作的强弱往往又决定了你能办成多大事，能成就多大的事业。所以说，好朋友是事业成功的帮手。

爱的回声，喊出后才有回应

从前，有个忠实的小伙子叫小汉斯，他一个人住在一间小屋子里，他非常勤劳，拥有一座在村庄里最美丽的花园。小汉斯有很多的朋友，但其中有一个跟他最好的朋友，是个磨坊主。磨坊主是个很富有的人，他总自称他是小汉斯最忠实的朋友，因此他每次来到汉斯的花园时，都以最好的朋友的身份拎走一篮子各种美丽的鲜花，在水果成熟的季节还拿走许多水果。

磨坊主经常说："真正的朋友就该分享一切。"但他从来没有给过小汉斯什么回赠。

冬天的时候，小汉斯的花园枯萎了。"忠实"的磨坊主朋友却从来没去看望过孤独、寒冷、饥饿的小汉斯。

磨坊主在家里发表他关于友谊的高论："冬天去看小汉斯是不恰当的，人们经受困难的时候心情烦躁，这时候必须让他们拥有一份宁静，去打扰他们是不好的。而春天到来的时候就不一样了，小汉斯花园里的花都开放了，我去他那儿采回一大篮子鲜花，我会让他多么高兴啊。"

磨坊主有个天真无邪的儿子，他问道："爸爸，为什么不让小汉斯到咱们家来呢？我会把我的好吃的、好玩的都分给他一半。”

这时，磨坊主却被儿子的话气坏了，他怒斥这个白白上了学，仍然什么都不懂的孩子。他说：“如果小汉斯来到我们家，看到我们烧着暖烘烘的火炉，看到我们丰盛的晚饭，以及我们甜美的红葡萄酒，他就会心生妒意，而忌妒则是友谊的大敌。”

你想让别人成为你的朋友，首先你得是别人的朋友。心要靠心来交换，感情只有用感情来博取。爱的回声，需要你喊出去后才能有回应。

以德报怨，赢得世界的春天

二战期间，一支部队在森林中与敌军相遇，激战后两名战士与部队失去了联系。这两名战士来自同一个小镇。

两人在森林中艰难跋涉，他们互相鼓励、互相安慰。十多天过去了，他们仍未与部队联系上。这一天，他们猎到了一只鹿，依靠鹿肉又艰难地度过了几天。可也许是战争使动物四散奔逃或被杀光，这以后他们再也没看到过任何动物。他们仅剩下的一点儿鹿肉，背在年轻战士的身上。这一天，他们在森林中又一次与敌人不遭遇，经过再一次激战，他们巧妙地避开了敌人。

就在他们自以为已经安全时，只听一声枪响，走在前面的年轻战士中了一枪，幸亏伤在肩膀上！后面的士兵惶恐地跑了过来，他害怕得语无伦次，抱着战友的身体泪流不止，并赶快把自己的衬衣撕下包扎战友的伤口。

晚上，未受伤的士兵一直念叨着母亲的名字，两眼直勾勾的。他们都以为他们熬不过这一关了，尽管饥饿难忍，可他们谁也没动身边的鹿肉。天知道他们是怎么过的那一夜。第二天，部队救出了他们。

事隔 30 年，那位受伤的战士安德森说：“我知道谁开的那一枪，他就是我的战友。当时在他抱住我时，我碰到他发热的枪管。我怎么也不明白，他为什么朝我开枪？但当晚我就宽恕了他。我知道他想独吞我身上的鹿肉，我也知道他想为了他的母亲而活下来。此后，我假装根本不知道此事，也从不提及。战争太残酷了，他母亲还是没有等到他回来，我和他一起祭奠了老人家。那一天，他跪下来，请求我原谅他，我没让他说下去。我们又做了几十年的朋友，我宽恕了他。”

即使一个非常宽容的人，也往往很难容忍别人对自己的恶意诽谤和致命的伤害。但唯有以德报怨，把伤害留给自己，才能赢得一个充满温馨的世界。“以恨对恨，恨永远存在；以爱对恨，恨自然消失”。

给你提醒和引导的人才是真朋友

辛蒂是公司的总机接线员。电话总机设在信件收发室，而莱恩是那些邮差中的一员。

第一天上班，莱恩就见到了辛蒂，她正坐在那里整理物件。一个同事悄悄对莱恩说：“她是有名的厉害女人，她会盯住我们的一举一动。收发室她说了算。”

同事没胡说，有天早上，莱恩赶到收发室时已是 8 点 32 分，辛蒂尖刻地说：“你迟到了。”

“只晚了两分钟。”

“最好早到两分钟，迟到的人永远别想有出息。”

只要电话总机没事，辛蒂就一边织毛衣，一边监督邮差们。休息时，她会把咖啡从休息室端到收发室来喝，还会边织毛衣边看邮差们搞什么花样。午休时她也织个不停。

自买了新皮鞋以后，莱恩深信她开始厌恶他了。

“好漂亮的皮鞋，”辛蒂说，她放下手中的活儿，“让我看看你的新鞋。”

正如所料，看完之后，她大声说：“鞋底太滑了，这儿的地板不适合穿这种皮鞋，你会摔跟头的。”

“我会走好的!”莱恩大声回敬了她。

每天莱恩的第一件事，是把经理办公室里的那些暖瓶装满水，并负责将它们送回办公室。穿上新皮鞋之后没几天，一个早上，莱恩一不留神滑了一跤，把经理一个月前买的那只暖水瓶摔碎了。莱恩吓坏了，慌忙跑回收发室，让同伴出个主意。

“你干的好事!”辛蒂说，“马上直接去见经理，告诉他你干了什么。”

“我会被解雇的。”莱恩喘息道。

“也许会，也许不会。”辛蒂说，“你得正视自己犯的错误。”

穿着那双该死的皮鞋，莱恩站在经理面前，浑身发抖。经理默默地听着莱恩的诉说，然后伸手接过暖瓶碎片，平静地说：“我是该换个新暖瓶了。”

莱恩兴奋起来，心里道：“辛蒂想坑我，没门!”

此后，莱恩脑子里经常想起这件事。所以，当他听说被选去银行做存取业务的人是自己时，深感意外。

“我会尽力而为的。”莱恩发誓说。

会计部主任微笑着说：“是辛蒂推荐你的，她认为你有责任心，能干好工作。”

“辛蒂？这怎么可能?!”莱恩有点儿吃惊。

圣诞节到来时，莱恩对辛蒂的看法终于全部改变过来。哈，她送给莱恩一件礼物。“打开看看。”她笑着说。里面是一件漂亮的菱形图案手织毛衣，这时莱恩和其他的同事才明白，原来她天天是在为大家织毛衣。莱恩一直以为她跟自己过不去，如今他才明白她只是把他往正道上引，为了他好。她是个真正的朋友。莱恩流着泪套上毛衣，语无伦次地说着谢谢。圣诞节过后第一天上班，莱恩一大早便来到公司，把一束美丽的鲜花摆在辛蒂的总机台板上，他想让她也惊喜一下。

很多时候，给你微笑、说你好话、为你掩饰的人并不一定是你的朋友。相反，不时指出你的缺点，给你提醒、引导或在背后默默地为你工作的人，才是你真正的朋友。他给你的才是真正的爱。

真诚：友好关系的基础

1991 年 7 月的一天，当时的美国总统夫人芭芭拉·布什与戴安娜一同探访一家医院的艾滋病病房。

在与一位病得已经起不来的患者聊天时，戴安娜给了他一个大大的拥抱，患者禁不住流下热泪，总统夫人和其他在场的人都被深深地打动了。

戴安娜说过，艾滋病患者更需要温暖的拥抱，她身体力行，实践了自己的诺言。当她拥住患者的时候，其实也体现了她自身的价值。

戴安娜关心所有的病患者，她对瘾君子、麻风病人、无家可归者、受性虐待的儿童，同样倾注了深切的感情，而她之所以特别关注艾滋病患者，是因为她觉得人们为艾滋病患者做得实在太少太少。

在1991年长达5个月的时间里，她一直静悄悄不为人知地帮忙照顾艾滋病患者艾瑞·杰克逊，度过她有生以来情感最波澜起伏的日子。

艾瑞·杰克逊精力充沛，极富魅力，是英国芭蕾、歌剧等艺术领域的杰出人物。20世纪80年代中期，他被诊断为HIV阳性，生性豁达开朗的艾瑞一时还难以明了命运残忍的捉弄。后来他出任慈善组织“拯救危机基金”的副主席，在那里初遇戴安娜，也由此开始面对严酷的现实。1987年，他先向女友安吉拉·西萝达坦白实情。安吉拉曾是皇家芭蕾舞团演员，面对身患绝症的男友，安吉拉从容镇静，在两个女儿的全力支持下，尽心尽力护理艾瑞。

4月，艾瑞病情恶化，整日蜗居于自己的公寓中，安吉拉随侍在侧。从那时起，戴安娜常常前来探望，与安吉拉携手照顾她们共同的朋友。

真诚是一种激励，让对方感到自己也是个真诚的人。这种心理是很微妙的。每个人身上都存在被激励的因子，只是有没有机会而已。真诚是保持友好关系的基础。

舍己树

英国哲学家培根在《论人生》中谈到友情时说道：“如果把快乐告诉一个朋友，你将得到两个快乐；而如果你把忧愁向一个朋友倾吐，你将被分掉一半忧愁。”所以友谊对于人生，正像一棵大树，带给对方的是一片浓荫。

英国作家戴顿有一部名叫《舍己树》的作品，主角是一棵深爱着某个男孩的树。

男孩童年的时候，吊在树枝上荡秋千，或者上树摘果子，要么在树荫下睡觉。那真是一段快乐无忧的日子。树也很喜欢那些时光。后来小男孩逐渐长大了，他跟树在一起的时间愈来愈少。

“来啊！让我们一起玩耍。”树有一次说。

但年轻人一心只想赚钱，没有时间关怀树，忘了他的“老朋友”。

“拿我的果子去卖吧。”树说。

他路过的时候听清树说了什么，他果然那样做了，结果赚了很多钱。树很快乐。

可是年轻人又很久没有回来。有一次他路过树下，树向他微笑说：“来啊！让我们玩耍！”但他已人到中年失去朝气，他只想远离身边的一切，去一个没人认识他的地方。

“把我砍下来，拿我的树干去造一艘船，你就可以远走高飞了。”树说。

这家伙果然这么做了。树很快乐。

冬去春来，许多季节过去了——多风的日子和孤寂的晚上，树在等待。最后，“老朋友”终于回来了，年老和疲惫使他不能再渴望玩耍、追逐财富或出海航行。

“朋友，我还有一个不错的树桩，你何不坐下来休息一会儿?”树诚恳地说。

他果然那样做了。树依然很快乐。

对友谊应该是无私的，舍得付出。反过来，你必须抽出时间想法使你的朋友高兴，想出一些体贴的办法让朋友知道你在为他们着想，让他们知道你在关心他们身边发生的事情，让他们知道你希望他们生活得快乐。

第十一章　朋友，情暖一生

朋友在你最需要的时候给你安慰、关怀、帮助。不管是同性朋友之间，还是异性朋友之间，都需要一份理解、支持、包容，有时不能太近，有时又不能太远。朋友间的缱绻情缘，温暖一生。

新朋友老朋友要一视同仁

牧羊人在傍晚把羊群赶回栏里时，发现里面掺着几只野山羊，就把它们和自己的羊关在一起过夜。

第二天，下起了大雪，牧羊人无法把羊群赶到外面去放牧，只好把它们关在羊圈里，给它们吃以前准备的草料。牧羊人很想引诱野山羊留下来，成为自己的羊，于是就给这几只野山羊很充足的精饲料，给自己的山羊吃的饲料却只是一些草根，且只够勉强充饥。

过了几天，雪融化了，牧羊人把全部的羊赶到外面去放牧。几只野山羊一下子就迅速散开，朝山里跑去。

“你们这些忘恩负义的东西，下雪时我特意照顾你们，饿着自己的羊，今天你们竟然用逃跑来报答我……”牧羊人气得捶胸顿足，破口大骂。

“就因为这个原因，我们才逃跑的。昨天你对我们比对你养了很长时间的羊还好，很明显，你居心不良。将来，如果有另外的羊来跟你，你也会对它们比对我们更好的。”一只野山羊转身回敬牧羊人道。

而就在牧羊人大骂野山羊的时候，他所养的羊也因为痛恨主人的贪婪和不公，一溜烟跑向山里去了。

有一首脍炙人口的歌是这样唱的：“结识新朋友，不忘老朋友。”为什么不能忘老朋友？因为只有这样才会“多少新朋友，变成老朋友”。老朋友是历经时间考验的朋友，是我们人生路上一笔宝贵的财富。因此，不管我们有多忙，都要在节日或朋友生日那天，打个电话，发则短信，致以祝福，让朋友们感受到我们对他的关怀。

交友须谨慎

一只猫结识了一只老鼠。猫信誓旦旦地说它多么爱老鼠，愿意跟它交朋友。老鼠终于同意和它住在一间屋子里，共同生活。

“我们应当准备冬季的食物了，不然我们会挨饿的。”猫说。按照猫的提议，它们买来了一罐猪油，但它们不知道该把罐子放到哪里好。考虑了好久，猫说：“藏猪油的地方，没有比教堂更好的了，谁也不敢到那里去拿东西。把罐子藏到祭坛下面，我们不到需要的时候，不要去动它。等我们实在找不到食物了，再拿它来充饥。”

罐子总算藏到安全的地方了。但是没过多久，猫想吃猪油了，它对老鼠说：“我想对你讲件事，亲爱的老鼠，我的表妹生了个宝贝儿子，要请我去做干爹。这只小雄猫一身白绒毛，带有褐色花斑，我得抱它去受洗礼。我今天去一下，你独自把家照管好。”

“行，行。”老鼠回答说，“去吧，上帝保佑你！你要是吃到什么好东西，可别忘了我，我挺喜欢喝一点产妇喝的红甜酒。”但是这一切都是假的，猫既没有表妹，也没有人请它去做干爹。它径直跑到教堂去了，偷偷地溜到那罐猪油旁边，开始舔油吃。它舔去了油上面的一层表皮，然后在市区的屋顶上散了一会儿步，接着便在太阳下舒舒服服地躺下来休息。直到傍晚，猫才大摇大摆地回到了家里。“啊，你回来啦。”老鼠说，“你一定快快活活过了一天。”

“过得很好。”猫回答说。

“那孩子叫什么名字？”老鼠问道。

“叫‘去了皮’。”猫冷冰冰地回答。

“‘去了皮’？”老鼠叫道，“这可是一个奇怪而少见的名字。你们猫常用这个名字吗？”

“这有什么稀奇？”猫说，“它不比你的干爹们叫‘偷面包屑的’更坏呀。”

没过多久，猫的嘴巴又馋起来。它对老鼠说：“你得帮帮我的忙，再单独看一次家，又有人家请我去做干爹了。由于那个孩子脖子上有一道白圈，所以我不能推辞。”善良的老鼠又同意了。猫却悄悄地从城墙后面走到教堂里，把罐子里面的猪油吃去了一半，一边吃还一边自言自语地说：“再也没有比自己单独吃东西的味道更好了。”吃过猪油之后，它心满意足地回家了。

到家后，老鼠问道：“这个孩子叫什么名字？”

“叫‘去了一半’。”猫回答说。

“‘去了一半’？你在说什么呀，这种名字我平生还没有听见过。我敢打赌，历史书上都没有这个名字。”猫打着饱嗝，没有理会老鼠的抱怨。

不久，猫又对那美味的猪油垂涎三尺了。它对老鼠说：“好事必成三，我又要去做干爹了。那孩子浑身乌黑，唯有爪子是白色的，除此，全身没有一根白毛。这可是几年才碰到一次的事，你让我去吗?”

“‘去了皮’！‘去了一半’！”老鼠说，“都是些非常奇怪的名字，这真叫我费解。”

“你呀，穿着深灰色粗绒外套，拖着长辫子，整天坐在家里，心情自然会郁闷，那是因为白天不出门的缘故呀！我看啊，你出门散散心，心情就好了。不过你可千万别跟着我，我那些亲戚是最爱吃老鼠的。”

猫走后，老鼠便打扫房屋，把家里收拾得很整洁。而那只馋嘴猫却把一罐猪油都吃光了。到了晚上，猫吃得胀鼓鼓地回到家里。老鼠马上问孩子的名字。“你可能也是不会喜欢的。”猫说，“它叫‘一扫光’。”

“‘一扫光’?”老鼠惊叫了起来，“这是一个很难理解的名字，我在书上还没有看见过。‘一扫光’，这是什么意思?”猫摇摇头，蜷起身子，躺下睡觉了。

没有了猪油，也就没有刚出生的小猫来请猫当干爹了。冬天到了，外面找不到半点吃的东西，老鼠想到它们储存的东西，便说：“走吧，猫，我们去吃储存的那罐猪油吧，那东西一定很好吃。”

“是的，”猫答道，“一定合你的口味，就像你把伶俐的舌头伸到窗外去喝西北风的滋味一样。”它们动身上路了。到了那里，罐子尽管还在原来的地方，但却早已空空如也。

老鼠恍然大悟：“现在我知道是怎么一回事啦，你真不愧是我的好朋友！你假装去做什么干爹，却把猪油全都吃光了，先是吃皮，然后吃了一半，以后就……”

“你给我住口！”猫叫道，“再说一个字，我就吃掉你！”

但是“一扫光”几个字已经到了可怜的老鼠嘴边。话刚一出口，猫就跳了过去，一把抓住了它的“朋友”，把可怜的老鼠给吃了。

交友不慎害死人，这样的教训比比皆是。人生在世不能没有朋友，但交什么样的朋友，对一个人的成长与进步关系重大。老鼠是老鼠，猫是猫，它们天生就不是一条道上的。老鼠非要火中取栗，与猫交朋友，到头来只有害了自己。好朋友是你一生的好财富，坏朋友却会给你的人生和事业带来烦恼和厄运。

帮助身处困境中的朋友

希尔经营的一家报关公司因卷入一场官司，一夜之间破产了。希尔辛辛苦苦奋斗了十几年的成果，在一瞬间付诸东流。那段日子，希尔的心情坏到了极点，他除了每天借酒消愁外，想不出任何重振昔日雄风的办法。

“500多万的公司一下子就什么都没了，执照吊销了，员工们树倒猢狲散，要想翻身，难啊。”在一次朋友的聚会上，希尔叹着气说。在座的很多朋友除了说一些安慰的话外，就是陪着希尔一起诉苦，生怕希尔找他们借钱。

“还是开报关公司，你的老客户不是还在吗？场地的问题我来解决，我的酒店反正也难得几天住满，就给你腾出两间作办公室，租金等你赚了钱再说。”经营酒店的朋友哈里发言了。

“资金你先拿我手上的闲钱去用……”又一个朋友说。

没想到他平常不怎么联系的两位朋友能在关键时刻鼎力相助，希尔真是不知说什么好。就这样，在朋友们的帮助下，希尔仅仅用了半年的时间就完成了二次创业，又重新开了一家报关公司。

现在的希尔又是一个成功的老板了。而他的那两位“患难朋友”也得到了希尔的大力资助。

原本“什么都没了”的希尔，因为有那两位真正的朋友在，所以还能重新站起来，走出人生的一片新天地来。生活中，当我们碰到正处失意的朋友时，千万不要置之不理，有时也许帮不上大忙，可是你可以给他一些知识上的启发、说一些鼓励的话语，让他尽快地走出困境。赶快伸出友谊的手，去帮助那些处于困境中的朋友吧！

交友原则：亲君子，远小人

一天清晨，蜗牛竖着一对触角，背着硬壳，在旷野上趾高气扬地爬行着。当蜗牛经过一只蛹的身旁时，蛹热情地跟它打招呼说：“早上好！表兄！”

蜗牛听了蛹的问候，没好气地大声问：“喂，你长得那么丑，怎么好意思叫我表兄呢？我们什么时候成亲戚啦！你怎么能跟我相提并论呢？”蜗牛显得很傲慢，“我有房子，你有吗？”

说罢，蜗牛瞧也不瞧蛹一眼，旁若无人地往前爬去。

几天以后，那只蛹蜕变成了一只长着金翅膀的蝴蝶。

蜗牛见到蝴蝶，想起了那只蛹。它等着蝴蝶主动问候，但蝴蝶在花丛中飞来飞去，却装作没看见蜗牛。最后，蜗牛实在忍不住了，先开口同蝴蝶打招呼说：“漂亮的表妹，你在忙什么呢，怎么对你的表兄不理也不睬。”

“哦，蜗牛先生，我什么时候又成了你的表妹了呀？”蝴蝶冷淡地说，“想当初，当我还是蛹的时候，你不是瞧不起我，不愿意与我为伍吗？现在我能飞了，有自己的事情和伙伴了！”

亲君子，远小人，这是交友的原则。像故事中的那只蜗牛，就是典型的势利小人。在生活中，我们也应该对这样的人提高警惕，不要与他们走得太近，因为他们很可能只因为一点点蝇头小利就出卖你。遇到这样的人，我们只有敬而远之了。

真正的朋友会坚持原则

从前，有一头高大健壮的骡子，主人在它的脖子上系了一个制作精巧的铃铛。骡子每走动一步，铃铛便发出“叮当”的声响，比鸟儿唱歌还悦耳动听。

一天，骡子闲来无事，看见菜园里白菜、韭菜一畦畦，鲜嫩又可口，于是就撞开了菜园外的篱笆墙，冲进来大快朵颐，啃个不停。“叮当叮当”，一串串尖利的急响，钻进了主人的耳中。他一个箭步冲出房门，挥动竹枝赶到菜园，一边抽打着骡子的屁股，一边斥责道：“混账东西，你胡嚼乱踩，把菜地弄得一团糟。要不是铃铛叫我来，菜地准被你糟蹋完了。”看见骡子落荒而逃，主人高声叫骂道：“这次给你个教训，下次再敢糟蹋菜园，看我不打折你的腿！”

没多久，快过年了，骡子拉着一辆大车跟主人去城里办年货。傍晚时分，只听“叮当，叮当”，一阵脆响，引得一些乡亲们竖起大拇指夸奖道：“嗬，好一头结实顶用的骡子，拖这么多货物跑了一天，还那么精神抖擞的。听，配上这清脆悦耳的铃铛声，多有气魄！”“叮当，叮当。”铃铛听了这番话，响得更加起劲了，像是说：“对的，对的，骡子了不起！”骡子竖起耳朵听了这些话，满心喜悦。突然，它望见了菜园，心里感到隐隐作痛，立刻不高兴地责问铃铛道：“你发出的是同一个声音，为什么一时出卖我，一时又吹捧我？”

“我的好朋友，请你听清楚。”铃铛含笑地解释道，“你和我都要对自己的言行负责。你犯错误时，我发出警告，为的是挽救你，不让你越陷越深；当你干得漂亮时，我理所当然地赞扬你，为的是激励你取得更大的成绩啊！”

真正的朋友，就是那些敢于坚持原则，既能肯定我们的优点，又敢于和善于指出我们错误的人。和这样的人在一起，我们才能不断完善自己，获得进步。那么，为了那些关心爱护我们的朋友，我们是不是也应该做一个这样的人呢？

距离产生美

住在东山上的小鹿和住在西山上的羚羊是一对非常亲密的好朋友。由于两家住得远，所以它们每次见面，都要送给对方一些好吃的。每次见面，小鹿和羚羊之间好像总有讲不完的知心话。

后来，小鹿和羚羊长大了，离开了自己的家，于是它们干脆住到了一起，每天一起吃草，一起去河边玩耍。然而出乎意料的是，随着时间的推移，这对住到了一起的好朋友之间却开始慢慢地疏远了，甚至开始互相挑剔起对方的毛病来。终于，在一次口角之后，两个好朋友动起手来。

“唉，你们这是怎么了？不住在一起时，总是朝思暮想；现在倒好，距离近了，却几乎成了陌生人了！真是搞不懂你们俩！”它们的邻居山羊叹息道。

“距离产生美”这句话一点没错。在远处看着互有好感的两个人一旦开始低头不见抬头见，双方的一切就都暴露在了对方的视线之下，神秘感消失了，牵挂没有了，接触多了，缺点多了，摩擦与冲突也就多了起来。因此，很多时候，朋友之间并不是距离越近，关系就越“铁”。让我们回想一下吧，我们能常常记起的、常常祝福的、常常牵挂的，不恰恰是千里之外的那些朋友吗？

患难见真情

有一天，两个朋友动身去外地办事。为了不耽搁时间，他们决定走近路，穿越一片茂密的大森林，然后便可直抵目的地。

两个朋友一边走，一边兴致勃勃地聊着天，商量今后如何合伙做生意。

突然，有一头熊迎面向他们冲来。其中一个人立即撇下自己的朋友，飞快地跑向最近的一棵大树，然后迅速地爬上去，隐藏在稠密的树叶里。另一个人眼看着自己已来不及逃走，只得躺倒在地装死。

熊跑了过来，低头嗅着他。他极力屏住呼吸，一动也不动，因为他曾听人说过，熊是不吃死人的。

果然如此，熊在嗅了嗅他的脸，又闻了闻他的耳朵后，嚎叫一声，就慢慢地离开了，不一会儿便消失在森林里。

这时，他的朋友从树上滑了下来，走到他身旁，问：“那头熊趴在你耳边，对你说了什么？”

“它叮嘱我，遇见危险自己逃的，不是真朋友。患难才能见真情啊！”他回答说。

我们每个人都有很多朋友，但这些朋友究竟是酒肉的假朋友，还是患难的真朋友？只有在我们遇到了困难的时候，那些真朋友才会显出他们的与众不同。患难见真情啊！

朋友永远也不能背叛

从前，有一只狐狸和一头毛驴，它们是非常要好的朋友。有一次，狐狸生病了，毛驴到处找食物给狐狸吃。狐狸在毛驴的精心照顾下，很快恢复了健康。为此，狐狸很感激毛驴，并发誓说：“毛驴大哥，我以后一定会好好报答你的。”

毛驴相信了狐狸的话，从那以后，它们两个更亲密了。毛驴只要找到了好吃的，就留一半给狐狸，还真心诚意地对狐狸说：“兄弟，只要我们俩团结一致，互相帮助，就没有战胜不了的困难，也不用再惧怕森林中的狮子了。”“就是，就是，有毛驴大哥在，我什么都不怕！”狐狸边啃着毛驴送来的食物边说。

一天，狐狸和毛驴结伴到森林里寻找食物。在路上它们碰到了狮子。见到狮子，狐狸吓得够戗，于是灵机一动对狮子说：“狮子大王，那头毛驴跑得很快，您可不见得能追上他，要不我们做一笔交易吧，只要我帮你捉住了毛驴，你就放了我。您看怎么样？”

毛驴听后，生气地对狐狸说：“现在大敌当前，我们只要齐心协力，肯定能战胜狮子，可你怎么能出卖我呢？”

“毛驴大哥，我有办法战胜狮子，我这是骗它呢！你照我说的做准没错！你看，那边有个大坑，你跳进去躲起来，狮子交给我来对付就行了。”狐狸故意压低声音对毛驴说。

“谢谢你，好兄弟。”毛驴感动得掉下了眼泪，毫不犹豫地跳进了那个深坑里。

“尊敬的大王，我已把那该死的蠢毛驴骗进了深坑里，您随时可以抓住它。那么现在，我是不是可以走啦？您快去享用您的美餐吧！”狐狸向狮子谄媚道。

“呸，毛驴已逃不掉了，早晚我会吃掉它，现在，我要吃的是你！”说完，狮子猛扑上去，咬死了狐狸。

朋友如手足，我们要像爱惜自己那样爱惜自己的朋友。事实上，那些出卖朋友、背叛朋友的人，其自身往往也没有好的下场，就像寓言中的狐狸一样，自己也成了狮子的盘中之餐。所以，不管自身的情况如何，我们都应该记住：朋友是手足，永远也不能背叛。

交友切忌以貌取人

有只小老鼠没见过什么世面，有一天它回家跟自己的妈妈说：

“妈妈，刚才太恐怖了！我简直被吓坏了！我遇见了一个用两条腿走路的庞然大物，我不知道它是什么动物。它的头上有顶红冠，眼睛特别凶，盯住我看。它还有个尖嘴巴，忽然之间它伸长了脖子，把嘴巴张得非常大，叫出来的声音很洪亮。我认为它是要来吃我了，就拼命跑回家来了。遇到它真是厄运，要不是它，我就和我之前遇到的另一只动物交上朋友了。它的毛和我们的一样柔软，只是颜色是灰白色的，而且脸上也和我们一样，有长长的胡须。它温和的眼睛有点像没睡醒的样子。它很和气地看着我，摇动着它的长尾巴。我想它是要和我说话。当我正准备靠近它时，那只可怕的庞然大物却开始喔喔叫了，我只好连忙跑回家了。”

“我的傻孩子，你跑回来就对了。你说的那只凶恶的庞然大物倒不会伤害你，那是只于我们无害的公鸡。反倒是那只毛很柔软的漂亮动物是一只猫，它一口就会把你吃掉，在这个世界上它是我们最大的敌人。”鼠妈妈听完小老鼠的话以后，教育小老鼠道。

一个有漂亮外表的人，不一定就有善良的心肠；而外表丑陋者之中，也有品德高尚的人。判断一个人是否可以成为结交的对象，必得先观其行，再决定是否结交，切忌以貌取人。

第十二章　没有永远的敌人

添一份宽容，多一个朋友；增一份仇恨，多一个敌人。为对手叫好，与对手交朋友，并不代表自己就是弱者。这不仅不会损伤自尊心，还会收获友谊与双赢的结果。

没有永远的敌人

南非的民族斗士曼德拉，因为领导反对种族隔离政策运动而入狱，统治者把他关在荒凉的大西洋小岛罗本岛上长达 27 年。

罗本岛位于离开普敦西北方向 7 英里的海湾中。岛上布满岩石，到处都是海豹和蛇及其他动物。曼德拉被关在总集中营一个“锌皮房”，白天打石头，将采石场采的大石块砸成石料。他常从冰冷的海水里捞取海带，还做烧石灰的工作。他每天早晨排队到采石场，然后被解开脚镣，下到一个很大的石灰石池，用尖镐和铁锹挖掘石灰石。因为曼德拉是要犯，专门的看守就有三个人。

1991 年曼德拉出狱当选南非总统，他在总统就职典礼上的一个举动震惊了整个世界。总统就职仪式开始了，曼德拉起身致辞欢迎所有的来宾。他先介绍了来自世界各国的政要，然后他说：“虽则我深感荣幸能接待这么多尊贵的客人，但我最高兴的是当初被关在罗本岛监狱时看守我的三名前狱方人员也能到场。我邀请你们站起身，以便我能介绍给大家。”

曼德拉博大的胸襟和宽宏的精神，让南非那些残酷虐待了他27年的人汗颜得无地自容，也让所有到场的人肃然起敬。看着年迈的曼德拉缓缓站起身来，恭敬地向三个曾看管他的看守致敬，在场的所有来宾以至于整个世界都静下来了。

后来，曼德拉向朋友们解释说，自己年轻时性子很急，脾气暴躁，正是在狱中学会了控制情绪才活了下来。牢狱岁月给了他时间去思考，使他学会了如何处理自己遭遇苦难的痛苦。他说起获释出狱当天的心情：“当我走出囚室、迈过通往自由的监狱大门时，我已经清楚，自己若不能把悲痛与怨恨留在身后，那么我其实仍在狱中。”

没有永远的敌人，也没有永远的朋友，关键在于你怎样对待身边的人。当朋友因某种缘故成为你的敌人时，你不必太忧伤感叹，因为，有一天他有可能再度成为你的朋友！

要竞争，但不要伤害

1964年，奥地利因斯布鲁克举行第9届冬奥会，在双座有舵雪橇比赛中，有这样两对选手，他们的比赛风格赢得了人们的好评。一对是意大利的蒙蒂和西奥帕依斯，另一对是英国的选手。

比赛开始后，意大利的蒙蒂和西奥帕依斯一路领先，在第一轮中名列前茅，夺冠的呼声很高。第一轮比赛结束，他们稍事休息，准备参加第二轮比赛。这时候，他们突然发现英国的两名选手正在唉声叹气，神情懊丧，情绪十分低落。原来他们在第一轮比赛中，雪橇坏了。于是蒙蒂和西奥帕依斯不顾自己夺金牌的希望，赛完了这轮后，就立刻把雪橇借给英国的选手使用。后来，他们只获得了铜牌，但他们虽然失去了金牌，却获得了友谊。

这种感人的场面再次出现在赛场上。2000 年 12 月 17 日，英格兰超级足球联赛第 18 轮的一场比赛在埃弗顿队与西汉姆联队之间进行。比赛剩下最后一分钟时，场上的比分仍然是 1:1。

这时，埃弗顿队的守门员杰拉德在扑球时扭伤了膝盖，球被传给了潜伏在禁区的西汉姆联队球员迪卡尼奥。球场上原本沸腾的气氛顿时静下来，所有的人都在等待。

迪卡尼奥离球门只有 1.2 米左右，无须任何技术，只需要一点点力量，就可以把球从容地打进没有了守门员的大门。那样，西汉姆联队就将以 2:1 获胜。在积分榜上，他们因此可以增加两分；而埃弗顿队之前已经连败两轮，这个球一进，就将是苦涩的“三连败”。

在几万双现场球迷的目光注视下，迪卡尼奥把球稳稳地抱到怀中……

掌声，全场雷动的掌声，如潮水般滚动的掌声，把赞美之情献给了放弃打门的迪卡尼奥。

人们把掌声献给迪卡尼奥，是因为他的行为体现了崇高的体育精神——公正、和平，另外还有友谊、健康！做人也是一样，虽然生活中处处有自己的竞争对手，但是，彼此竞争的前提是不伤害对方，必要的时候还得保护对方。社会竞争中体现的友谊精神仍然是第一位的，这也是卓越人士追求的伟大境界。

爱自己的对手

1957年，当时还默默无闻的约翰·列侬在一次小型演出中认识了15岁的保罗·麦卡特尼。演出结束后，保罗批评约翰唱得不对，吉他也弹得不好。约翰很不服气：“你凭什么批评我？”保罗知道对方心里不以为然，于是他用左手弹了一段漂亮的吉他曲，向约翰展示了自己的天分，而且他能背诵很多的歌词，这让约翰大为惊讶。约翰想，与其让这小子成为自己将来的敌人，还不如现在就邀他搭档。就在这天，20世纪最成功的音乐搭档诞生了，约翰和保罗携手合作，组建了“披头士”乐队。这支乐队后来风靡全球，成为历史上影响最为深远的乐队。

聪明的列侬很有远见：在敌人还未成为敌人之前，快步上前，站到他的身边，把他变成自己的朋友。

卡内基有一次为了竞标太平洋铁路公司的卧车合约，与竞争对手布尔门铁路公司铆上了。双方为了中标，不断削价火拼，差不多到了双方都无利可图的地步了。

说来也凑巧，卡内基有一天到太平洋铁路公司去商谈投标之事时，他在纽约一家旅馆门口遇上了布尔门先生本人，对手相见，按一般情况如“敌人”相遇，即使相互不火拼，亦会互不理睬。但卡内基却主动上前与布尔门打招呼，并说：“我们两家公司这样做，这不都在作贱自己吗？”

布尔门说：“那你的意思呢？”

卡内基向布尔门陈述了恶性竞争的后果，接着他提出如果彼此尽释前嫌，双方携手合作，那么会有许多好处。布尔门看卡内基一番诚意，觉得有道理，但他却不同意与卡内基合作。

卡内基反复征询到底是什么原因时，布尔门沉默了好半天然后说道：“如果我们合作的话，新公司的名称叫什么？”

卡内基立即明白了布尔门的意图。沉默片刻他不由得想起自己少年时谦让一点可以把兔子养大的往事。10岁时，卡内基无意中得到一只母兔。不久，母兔生了一窝小兔，但他的零用钱有限，买不起更多的食物喂养兔子。这时他想出了一个主意，告诉伙伴，只要谁肯拿食物喂小兔子，他就用谁的名字作为小兔子的名字，立即获得了响应。想到这件事，心中有了主意，于是，他果断地回答说：“当然用‘布尔门卧车公司’啦！”卡内基的回答使布尔门大惑不解，但卡内基却又重复说了一遍，使对方非相信不可。这样，两人很快就达成了合作协议，取得了太平洋铁路卧车的生意合约。布尔门和卡内基在这笔业务中使无利可图变为有利可盈了。

能爱自己对手的人，他们往往能在处理各种矛盾中占据主动的地位，少一个敌人，多一个朋友，何乐而不为。

只有勇于承认自己的错误，才能避免无谓的冲突

美国总统肯尼迪当年在竞选美国参议员的时候，他的竞选对手在最关键的时候轻易地抓到了他的一个把柄：肯尼迪学生时代，因为欺骗而被哈佛大学勒令退学。这类事情在政治上的威力是巨大的，竞选对手只要充分利用这

个证据，就可以给肯尼迪诚实、正直与道德的形象蒙上一层阴影，使他的政治前途黯然无光。

一般人面对这类事情的反应不外乎是极力否认，澄清自己，但肯尼迪很爽快地承认自己的确曾犯了一项很严重的错误，他说："我对于自己曾经做过的事情感到很抱歉。我是错的。我没有什么可以辩驳的。"肯尼迪这么做，等于说"我已经放弃了所有的抵抗"，而对于一个已经放弃抵抗的人，你还要跟他没完没了吗？如果对手真的继续进攻的话，就显得对手没有一点风度。如果读了这个故事，意犹未尽，那么接着读下面的故事。

达·芬奇曾经在一次艺术家的聚会上，不知出于什么动机，对雕刻家说："雕刻是机械呆板的工作，因为它需要的智力比绘画少。雕刻是卖苦力的活儿，从事雕刻这一行业的人，每天收工时，从头到脚，都是粉尘，就像泥瓦匠和油漆工一样肮脏不堪。"

这些显然是没有道理的话，刺伤了在场的雕刻大师米开朗基罗。

达·芬奇说完就回到寓所睡觉了，米开朗基罗却睡不着，心想："你不就是认为自己在绘画方面是首屈一指的天才吗？鄙人不行吗？好，我要证明我并不比你差。"于是，他接受了西斯廷教堂天顶画的任务，用了 4 年工夫，将这幅工程浩大的作品画完。由于长时间仰脸作画的缘故，当他走下脚手架时，看任何书面的东西，都得抬起头来，颈椎都变形了。

对这幅震惊世界的巨型油画，拉斐尔赞叹之极："天啊！米开朗基罗是用与上帝一样杰出的天赋，创造这个艺术世界的。"达·芬奇在看了这幅杰作以后，觉得自己以前说错了，这时不应再与米开朗基罗对抗下去，于是他走到米开朗基罗的面前，对他说："我对雕刻家的那些不逊之言，激怒了你。我为我以往的那种卑劣行为，向你道歉。"

米开朗基罗说：“艺术家必须互相原谅彼此的过错。”

世界上充满着固持己见的人，而认错则是最好的润滑剂，只有勇于承认自己的错误，才能避免无谓的冲突。只要能够真诚地而不是虚伪地，深刻地而不是应付地认错，即使对方还不肯原谅你，至少那一刻，你的心得到了平静

迈出一步，化敌为友

生活在苏伯比亚小镇上的乔治和吉姆是邻居，但他们可不是什么好邻居，虽然谁也记不清到底是为什么，但就是彼此不睦。他们都不喜欢对方，巴不得对方家里出点儿不幸的事，好幸灾乐祸。

因为有这样阴暗的心理，所以他们时有口角发生。尽管夏天在后院开除草机除草时车轮常常碰在一起，但多数情况下双方连招呼也不打。

后来，夏天晚些时候，乔治和妻子外出度假两周。开始吉姆和妻子并未注意到他们走了。哼，注意他们干什么？除了口角之外，两家相互间很少说话。

有一天傍晚，吉姆在自家院子除过草后，发现乔治家的草已长得很高了。他家草坪刚刚除过草使得乔治家的草看上去特别显眼。

在开车过往的人看来，乔治和妻子很显然是不在家，而且已离开很久了。吉姆心里咯噔了一下，他想这不等于公开邀请夜盗入户吗？然后一个想法像闪电一样攫住了他。

“我又一次看看那高高的草，心里真不愿去帮我不喜欢的人。”吉姆说。不管他多么想从脑子里抹去这种想法，但去帮忙的想法却挥之不去。第二天早晨吉姆就把那块长疯了的草坪除好了！

几天之后，乔治和妻子在一个周日的下午回来了。他们回来不久，吉姆就看见乔治在街上走来走去。只见乔治在整个街区每所房子前都停留过。

最后他敲了吉姆家的门，开门时，乔治站在那儿正盯着吉姆，脸上露出奇怪和不解的表情。

过了很久，乔治才说话，“吉姆，你帮我家除草了？”这是他很久以来第一次叫吉姆。“我问了所有的人，他们都说没除。杰克说是你干的，是真的吗？是你除的吗？”他的语气几乎是在责备。

“是的，乔治，是我除的。”吉姆说，几乎是挑战性地，因为他等着乔治为了他擅自除他的草坪而大发雷霆。

乔治犹豫了片刻，像是在考虑要说什么。最后他用低得几乎听不见的声音嘟囔说谢谢之后，急转身马上走开了。

乔治和吉姆之间就这样打破了敌意的局面。虽然他们还没发展到在一起打高尔夫球或保龄球，他们的妻子也没有为了互相借点糖或是闲聊而频繁地走动，但他们的关系却在改善。至少除草机开过的时候他们相互间有了笑容，有时甚至说一声“你好”。先前他们后院的战场现在变成了非军事区。谁知道，他们也许会分享同一杯咖啡。

假如你想化敌为友，就得迈出第一步，否则，不会有任何进展。当你和别人之间发生矛盾的时候，要主动示好，采取寻求和解的行动，这样才能赢得和谐的人际关系，享受幸福的人生。

拥抱敌人，化解敌意

“当众拥抱你的敌人”。这是件很难做到的事，因为绝大部分人看到“敌人”，都会有灭之而后快的冲动，至少也会保持一种冷淡的态度，或说些让对方不舒服的嘲讽话，可见要爱敌人是多么的难。

就因为难，所以人的成就才有高下之分，有大小之分。也就是说，能当众拥抱敌人的人，他的成就往往比不能爱敌人的人大。

一间小杂货店对面新开了一家大型的连锁商店，这家商店即将打垮杂货店的生意。杂货店的老板忧愁地找牧师诉苦。

牧师说：“如果你对这家连锁商店心存畏惧，你就会仇视它，仇恨便成了你真正的敌人。”

杂货商慌乱地问：“我该怎么办?”

牧师建议：“每天早上站在商店门前祝福你的商店生意兴隆，然后转过身去，也同样地祝福那家连锁商店，当众拥抱你自己的敌人。”

杂货商气愤地说：“为什么要拥抱我的敌人?”

牧师说：“你的任何祝福都会变成福气，回归于你。你所发出的任何诅咒，也同样会将你自己导向失败。”

一段日子后，正如这人当初所担心的，他的商店关门了，但他却被聘请做了那家连锁店的经理人，而且收入比以前更好。

当众拥抱你的敌人，除了可在某种程度之内降低对方对你的敌意之外，还可避免恶化你对对方的敌意。换句话说，在为敌与为友之间，留下了条灰色地带。如果敌意鲜明，反而阻挡了自己的去路与退路；地球是圆的，人生何处不相逢。

温和的回答能消除怒气

乔治·罗纳在维也纳当了多年律师，第二次世界大战期间，他逃到瑞典，身无分文。为了生计，他急需找一份工作。因为他曾学过几个国家的语言，所以他希望去一家进出口公司，在那里找一份秘书工作。

于是，他给那些进出口公司寄了很多求职信，可是绝大多数的公司都回信告诉他，战争时期，他们不需要乔治这一类的人，不过他们会把他的名字存在档案里。有一天，他收到了一封很奇怪的信，信上说："你对我的生意的了解完全错误。你既错又笨，我根本不需要任何替我写信的秘书。即使我需要，也不会请你，因为你甚至连瑞典文也写不好，信里全是错字。"

当乔治·罗纳念着这封信的时候，差点儿气疯了。当天，盛怒之下，乔治·罗纳写了一封回信，目的要想使那个人大发脾气，也让他尝试一下被羞辱的滋味。但写了几句后，他停下来对自己说："等一等，我怎么知道他说的是不是对的？我研究瑞典文，可是它并不是我国的语言，也许我确实犯了很多我认为对的错误。如果是那样的话，那么我想要得到一份工作，就必须再努力地学习。这个人可能帮了我一个大忙，虽然他本意并非如此。他用这么难听的话来表达他的意见，并不表示我就不亏欠他，所以我不应该在信上反驳他，而应该感谢他一番。”

这样一番自省后，乔治·罗纳心情豁然开朗，他给那人写了这样一封信：“你这样不怕麻烦地回信给我，实在是太好了，尤其是你并不需要一个替你写信的秘书，而是你亲自动手。对于我把贵公司的业务弄错的事，我觉得非常抱歉，我这次写信给你，不是再次求职，而是因为我听别人说你是这一行的领袖人物。我并不知道我的信上有很多语法上的错误，我觉得很惭愧，也很难过。我需要更加努力地学习，以改正我的错误。谢谢你帮助我走上改进之路。”

没过几天，乔治·罗纳又收到那个人的信，邀请乔治·罗纳去看他。乔治·罗纳去了，而且得到了一份工作。乔治·罗纳由此发现“温和的回答能消除怒气”这个处世之道。

有的时候，我们虽然不能像圣人那样去爱我们的仇人，但是为了我们自己的健康和快乐，我们至少要原谅他们，且往有益的方向考虑，这样做你不觉得是一件很聪明的事吗？有人问艾森豪威尔将军的儿子约翰：“你父亲会不会一直怀恨别人。”他回答说：“不会，我爸爸从来不浪费一分钟，去想那些他不喜欢的人。”

仁爱可以化敌为友

从前有位国王，他想把自己的国家治理得更强大，于是去请教住在森林中的一位隐士。

国王一行找到隐士的时候，隐士正在挖地。国王说出了自己的想法，希望隐士先生帮他出出主意，可隐士却并不回答。国王没有生气，他见隐士累得汗流浃背，便上前帮忙挖地。天渐渐黑了，这时森林中来了一个受伤的人，国王和隐士连忙将这人救起来。他们把他扶到隐士家中，为他清洗、包扎了伤口。

第二天受伤者醒来，十分感动，他对国王说："我本是准备在你回宫的途中刺杀你的，因被你的士兵发现而受了伤，没想到反而被你所救。你是一个仁慈的国王，我希望能做你的朋友。"

国王十分高兴，带着刺客准备回王宫，这时他忍不住再次请教隐士治国的方略。隐士这次回答道："你自己已经有了答案了。"

国王十分不解，隐士于是说："若不是你的仁慈，你就不会因为帮我挖地而延误时间，那么你有可能就在归途中被刺客杀死了。若不是你的仁慈，你就不会救助受伤的刺客，那么他也不会如此轻易地归顺于你。可见，仁爱的力量是多么的强大。以仁爱为武器的国家无往不胜。"

一个宽恕待人之人，心胸开阔、宽恕仁爱，他自身的修养不但臻于完美，与他人的相处也是一团和气。没有敌人，灾害自然也不会降临到他的身上了。

在现实生活的冲突中，你的仁爱善良能使事情朝有利的方向发展，而不是为自己树敌。

用仁爱化解仇恨

很久以前，有一位国王老了，他决定不久后就将王位传给三个儿子中的一个。一天，国王把三个儿子叫到跟前说："我老了，决定把王位传给你们三兄弟中的一个，但你们三个都要到外面去游历一年。一年后回来告诉我，你们在这一年内所做过的最高尚的事情。只有那个真正做过高尚事情的人，才能继承我的王位。"

一年后，三个儿子回到了国王跟前，告诉国王自己这一年来在外面的收获。

大儿子先说："我在游历期间，曾经遇到一个陌生人，他十分信任我，托我把他的一袋金币交给他住在另一镇上的儿子。当我游历到那个镇上时，我把金币原封不动地交给了他的儿子。"

国王说："你做得很对，但诚实是做人应有的品德，不能称得上是高尚的事情。"

二儿子接着说："我旅行到一个村庄，刚好碰上一伙强盗打劫。我冲上去帮村民们赶走了强盗，保护了他们的财产。"

国王说："你做得很好，但救人是你的责任，还称不上是高尚的事情。"

三儿子迟疑地说："我有一个仇人，他千方百计地想陷害我。有好几次，我差点儿就死在他的手上。在我的旅行中，有一个夜晚，我独自骑马走在悬崖边，发现我的仇人正睡在一棵大树下，我只要轻轻地一推，他就会掉下悬崖摔死。但我没有这样做，而是叫醒了他，告诉他睡在这里很危险，并劝告他继续赶路。后来，当我下马准备过一条河时，一只老虎突然从旁边的树林里蹿出来，扑向我。正在我绝望时，我的仇人从后面赶过来，他一刀就结束了老虎的命。我问他为什么要救我的命，他说‘是你救我在先，你的仁爱化解了我的仇恨’。这……这实在是不算做了什么大事。”

“不，孩子，能帮助自己的仇人，是一件高尚而神圣的事，”国王高兴地说，“来，孩子你做了一件高尚的事，从今天起，我就把王位传给你。”

爱是美好的，但最伟大的爱是无私的，在渴望得到别人爱的同时，也应该拥有一颗爱心，学会为别人付出爱。爱把宽容、温暖和幸福带给了亲人、朋友、家庭乃至全社会和全人类。当为别人付出一点爱的时候，自己也会得到爱的满足，能感受到真正的快乐，这种满足和快乐不会随着时间的潮流而波动，反而会在时间的酝酿中，越来越甜蜜，越来越醇厚。

第十三章　用沟通缓解悲伤

沟通是人生的第一工具，是人与人之间信息交流、情感碰撞、商务合作的桥梁。人与人之间的问题，说简单了，都是沟通的问题。

一枚钻戒

有个女人要过生日了，她希望丈夫不要再送花、香水、巧克力或只是请她吃顿饭。她希望得到一枚钻戒。要知道，他们结婚5年了，却还没有一个正经的定情信物呢！

“今年我过生日，你送我一枚钻戒好不好？”妻子对丈夫说。

“什么？”妻子的“狮子大张口”吓了丈夫一跳。

“我不要那些花啊、香水啊、巧克力的。没意思嘛，一下子就用完了、吃完了，不如钻戒，可以做个纪念。”

“钻戒，什么时候都可以买。一束玫瑰花，一顿烛光晚餐，这多有情调，你们女人不是最爱浪漫吗？”

“可是我要钻戒，人家都有钻戒，我就没有……”结果，原本恩爱的夫妻俩因为生日礼物，居然吵起来了，甚至吵得要离婚。

更妙的是，大吵完，两个人都糊涂了，彼此问："我们是为什么吵架啊？"

"我忘了！"太太说。

"我也忘了。"丈夫搔搔头，笑了起来，"啊！对了！是因为你想要枚钻戒。"

另一个太太，也想要枚钻戒当生日礼物。但是她的说话方式可不像上一个妻子那样直白。她是这样跟自己的丈夫说的："亲爱的，今年不要送我生日礼物了，好不好？"

"为什么？"丈夫诧异地问，"难道我送你的礼物你都不喜欢吗？"

"明年也不要送了。"

丈夫眼睛睁得更大了。

"我想……我们可以把给我买生日礼物的钱存起来，存多一点，存到后年。"太太不好意思地小声说，"我希望你给我买一枚小钻戒……"

"噢！"丈夫明白了妻子的意思，他觉得自己亏欠妻子的实在是太多了，妻子想要一个钻戒并不是什么无理的要求。

于是，在生日那天，这位太太得到了她的生日礼物—— 一枚钻戒。

干什么都有技巧，说话也一样。同一件事情，用不同的说话方式，结果有天壤之别。第一位妻子就明显不会说话，她从一开始就否定了以前的生日礼物，伤了丈夫的心。接着她又用别人丈夫送钻戒的事，伤了丈夫的自尊。最后，她居然否定了他们的夫妻感情，结果引发了一场无益的争吵。第二位妻子则堪称沟通的大师，她虽然想要钻戒，却反着来，先说不要礼物，最后才说出自己的想法，既达到了自己的目的，又促进了夫妻之间的感情。

面对错误，主动反省

里奇常带着他的波斯狗到公园散步，按当地的规定，狗是要戴上口笼的。但里奇认为它是一只无害的小犬，所以总是不给它系上皮带或口笼。

一天，里奇在公园遇到了警察。警察对里奇说："你不给那狗戴上口笼，也不用皮带系上，你不知道这是违反规定的吗?"

"是的，我知道是违反规定的，"里奇轻柔地回答说，"但我想它在这里不至于产生什么伤害。"

"法律可不管你怎么想。这次我可以放你过去，但如果我再在这里看见这狗不戴口笼、不系皮带，你就得去和法官讲话了。"

里奇谦逊地应允了警察的命令。

可没过几天，里奇就把警察的告诫忘掉了。然而要命的是，里奇和他没戴口笼、没系皮带的小狗再次遇到了那个警察。

这次，里奇没等警察开口，先主动承认了错误："警官，你已当场把我抓住了，这一次，我再也没有任何借口了。你上星期警告我如果我再把没有带口笼的狗带到这里，你就要罚我。"

警察见里奇这么说，口气就软了下来："其实我知道，这样一只小狗是不会伤人的。"

"不，但它也许会伤害松鼠。"里奇说。

"哦，现在，我想你对这事太认真了，"警察说道，"我告诉你怎样办，你只要带它跑过那土丘，使我看不见它，这件事就让它过去吧。"

面对错误，切不可惊慌失措。既然已经犯了错误，首先要做的便是制止错误，然后着手纠正错误中有可能再次发生的部分，力争把错误造成的损失降到最小程度。如果面对错误只会惊慌失措、找借口，那么不仅于事无补，还会使错误继续。

自我批评，让沟通变得事半功倍

一天，狮王正在山下巡视自己的领地，忽然遇到一个告状的农夫。农夫说自己的玉米还未完全成熟，就被一群从山上下来的猴子糟蹋光了。狮王听后，很是生气，它命猴子照价赔偿完农夫后，便让猴王和自己一起回王宫，打算狠狠地臭骂猴王一顿。

很快，狮王领地里的动物们都知道了这件事情，它们显然看到了狮王正强压着自己的怒火，看来这次大王肯定会对肇事的猴子严惩不贷。但是，谁也没有想到，没过多久，猴王竟然面带笑容地走出了狮王的宫殿，好像什么事也没有发生过似的。所有的动物看到了这种情况，无不感到惊讶。

原来，在回王宫的路上，狮王想，如果一味地批评肇事的猴王，它肯定无法真心实意地接受，因为猴子们下山偷玉米也实属无奈。由于动物王国的存粮已所剩无几，它们是为了把仅剩的粮食留给那些老幼病残的伙伴，才出此下策的。

于是，狮王首先作了自我批评，说由于自己的能力有限，没让大家过上好日子，深感惭愧，但猴子们的行为也不对……狮王这一番推心置腹的交谈，令猴王十分感动，它心里的抵触情绪也消失了，它诚恳地承认了自己的错误，并且保证自己会率领众猴子们帮助农夫种田，以此来弥补自己所犯下的过错。狮王对于猴王的态度也很满意，于是对这次的事情也就不予处罚了。

毫无疑问，正是因为狮王首先作出了自我批评，猴王才会虚心接受意见。由此可见，自我批评是一种艺术，更是一种处世的智慧。与人交往时，谈话需要讲究技巧，批评、责备他人也需要技巧。因为单纯的责备常常达不到效果，反而容易引起抵触情绪；而理解别人，耐心、平等、诚恳地与其交换意见，主动地检讨自己，则会使对方深受感动，引起愧疚，从而心悦诚服地认识到自己的错误。这种不以批评面貌出现的“批评”能起到更加完美的作用，让沟通变得事半功倍。

各退一步，海阔天空

杰克是纽约很有名气的A广告公司的骨干。一天，公司的老总要他将一个项目可行性研究报告交给一家客户。由于那家客户和A公司是初次合作，所以杰克并不了解那家公司。

杰克把报告发过去后，那家公司的联系人约翰通过网络问了很多业内人士觉得很可笑的初级问题。当时杰克就随口回了一句：“你刚入行吧。”结果约翰认为杰克在讥讽他，对杰克破口大骂。对此，杰克自然不干了，马上针锋相对，结果两人自然是不欢而散。

第二天，公司的老总知道这件事后，把杰克找来问明了事情的始末。客观地讲，这件事的发生并不都怨杰克，实际上约翰的责任比杰克还大。所以老总也没说杰克什么，随即拨通了那家客户的电话，亲自向对方道歉：“对不起，手底下的孩子办事情不周到，多有得罪，请您多包涵……”

客户那边，其实他们也知道是自己不对，但是自己是买主，又是首次合作，面子摆在那里，无奈之下，所以打算取消与A公司的合作。这时候，电话响了，A公司的老总亲自道歉来了。

对此，客户感到很不好意思，明明错在自己一方，可是人家却主动道歉，先退一步，心里暗叫惭愧。杰克的老总的诚意打动了那家客户，他们当即决定扩大合作的规模，并且也退了一步，在实际利益上给了A公司更多的补偿。

杰克的老总的精明体现在他不计较一点点面子上的得失，在自己占理的情况下主动让步，主动道歉。对方当然也不是那种不讲道理的人，看到A公司主动让步，他们自然也就给了A公司更大的补偿。事实上，无论是工作还是生活中遇到纠纷，各退一步，海阔天空，否则最后只能落得两败俱伤的结果。

相互理解，缓解悲伤

一个宠物店的店主在门上贴了一个广告，上面写着“出售小狗”。这个信息显然把孩子们吸引住了，小杰克出现在店主的广告牌下。“小狗卖多少钱呢？”他问道。

“35美元到60美元不等。”

小杰克从口袋里掏出了一些零钱数了数，问：“我只有3美元，请允许我看看它们好吗？”

店主笑了笑，吹了声口哨，一名负责管理狗舍的女士便跑了出来，她身后跟着好多只毛茸茸的小狗，其中有一只远远地落在了后面。小杰克立即发现了，落在后面的是一只一瘸一拐的小狗。“那小狗有什么毛病吗？”小杰克问道。

店主解释说：“这只小狗没有臀骨臼，所以它只能一瘸一拐地走路。”小杰克一脸怜惜地说：“就是这只狗了，我要买它。”

店主笑着说：“你用不着花钱，如果你真的想要的话，我就把它送给你了。”

小杰克有些生气地瞪了店主一眼，说：“我不需要你把它送给我，那只狗和其他的狗的价值应该是一样的，我会付你全价的。我现在就付给您 3 美元，以后每个月我都会付 50 美分,直到付完为止。”

店主劝说道：“小伙子，你真的用不着买这只狗，它根本不可能像别的狗那样又蹦又跳地陪你玩儿。”听了这话，小杰克弯下腰，卷起裤腿，露出了一条严重畸形的腿。他的左腿是瘸的，靠一根大大的金属支架撑着。杰克轻声地说：“嗯，我自己也跑不好，我们能够互相理解，而且，这只小狗和我都需要有一个能互相理解的伙伴。”

在我们的生活和工作中，难免会有不如意或情绪低落的时候，但只要乐观一些，总会找到理解自己的伙伴。弱者需要同情，更需要理解。正如莎士比亚所说，人们如果拥有能相互理解悲伤的朋友，就能缓解悲伤。

第四辑

失败不是命运，成功不是幸运

——因为有梦，所以能奔向远方

每个人的心中都有一个梦，

为实现梦想而努力奋斗，

可是有的人成功，有的人失败。

成功不是偶然，失败不是必然。

不想做失败者，就要给自己一个目标，迎难而上。

第十四章　别把幸运当成命运

没有一个人是一路踏着鲜花、沐浴着阳光走向成功的。通往成功的路总是曲曲折折、坎坎坷坷，我们要做的就是，紧紧握住自己的命运，朝着梦的方向，远航。

成功只能在行动中产生

曾经有这样一个男孩，他是一个孤儿，每天衣衫褴褛、满身灰尘地在大街上求人施舍。一天，他突发奇想，跑到摩天大楼的工地向一位衣着华丽的建筑承包商请教：“我该怎么做，才能在长大后跟你一样有自己的事业，有自己的财富？”

这位建筑承包商本来不想理他，但是看见小家伙实在很可怜，于是就回答说：“我先给你讲一个故事吧！从前，有三个掘沟人，一天，他们中有一人拄着铲子说，我将来一定要做老板；第二个则抱怨工作时间太长，报酬太低；第三个没说话只是低头挖沟。许多年过去了，第一个仍在拄着铲子；第二个虚报工伤，找到借口退休了；第三个呢，他成了那家公司的老板。你明白这个故事的寓意吗？小伙子，不要多说话，埋头苦干就好。”

小男孩满脸困惑，百思不得其解，只好再请他说明。承包商指着那些正在脚手架上工作的建筑工人，对男孩说：“看到他们了吗？这些人都是我的工人。我无法记得他们每一个人的名字，甚至有些人根本连脸孔都没印象。但是，你仔细瞧他们之中，那边那个被晒得红红的、穿一件红色衣服的人。我很快就注意到了他，他似乎比别人更卖力，做得更起劲。他每天总是比其他的人早一点上工，工作时也比较拼命。而下工的时候，他总是最后一个。就因为他那件红衬衫，使他在这群工人中间特别突出。我现在就要过去找他，派他当我的监工。从今天开始，我相信他会更努力，说不定很快就会成为我的副手。

“当年，我也是这样奋斗上来的。我非常卖力地工作，表现得比所有人都好。如果当初我跟大家一样穿上蓝色的工作服，那么就很可能没有人会注意到我的表现了。所以，我天天穿条纹衬衫，同时加倍努力。不久，我就出头了。老板注意到我，升我当工头。后来我存够了钱，终于自己当了老板。只要多干一点，就会成为突出的那一个。人们总会发现你的，这样你就更加接近成功了。”

小男孩明白了这个道理，他不再四处求人施舍而是开始自食其力捡废品，因为总是起得比别人早，跑得比别人勤，再加上不怕脏，所以每天收入都很可观。然后，他把所有捡废品赚来的钱几乎都拿来买书，充实自己。再后来，他的勤奋好学引起了好心人的注意，一个家境富裕而又膝下无子的人开始供他上学。在这一过程中，他再也没有求过任何人，只是靠他自己，而且毫无怨言。而最终呢？毫无疑问，他成了一个成功的商人。

无论在什么时候，成功只能在行动中产生，别人的帮助虽然很重要，但最关键的还是要靠自己。从现在起就开始行动吧，像那个小男孩一样，从现在开始严格要求自己，充实自己，给自己增添更多成功的砝码，因为想成功，最终只能靠自己。

不要轻易被他人意见左右

阿瑟刚当上军官时，心里很高兴。每当行军时，阿瑟总是喜欢走在队伍的后面。因为他觉得只有走在最后面，才能更好地监督自己的部下。

一次在行军途中，有人取笑他说："你们看，阿瑟哪儿像一个军官，倒像一个放牧的。一个像羊倌一样的军官指挥着一群绵羊，这样的部队能打胜仗才怪。"

阿瑟听后觉得人家说得虽然不好听，但是挺有道理的，于是他便改变了自己走在了队伍的中间。可是这次仍然有人议论他："你们看，阿瑟哪儿像个军官，简直是一个十足的胆小鬼，只会在队伍里面躲着。这样的军官，士兵怎么能服他？"

阿瑟听后，又走到了队伍的最前面。可是，这还是不能够让所有人都满意。有人说："你们瞧，阿瑟带兵打仗还没打过一个胜仗，他就高傲地走在队伍的最前边，真不害臊！"

阿瑟听后，心想："看来无论我怎么做都不可能让所有人满意了，如果再这样下去什么事都得听别人的，恐怕到最后我自己连走路都不会了。走我自己的路，让别人说去吧！"从那以后，他想怎么走就怎么走。

自己的人生要自己做主，自己的命运需要自己主宰。尤其是那些站在远处说风凉话的人，我们大可以不必理会他们的话，因为他们根本不是在为了我们着想。做个有主见的人吧，凡事靠自己，不要轻易被他人的意见所左右。

紧紧握住自己的命运

美国有个伐木工，他每天都会独自开车到深山里面去伐木。

然而，一天灾难突然降临了：一棵被他用电锯锯断的大橡树倒下的时候，碰到了对面另一棵大树，被弹了回来，结果结结实实地将猝不及防的伐木工压在了底下。转眼间，伐木工的右腿就流血不止，巨大的疼痛感让他的眼前发黑，但是顽强的求生意志让这个伐木工迅速冷静了下来。他开始思考脱身的办法。

伐木工清楚地知道这个林区周围几十公里都没有人居住，而且也很少有人会到这里来。因此，就算他在这里躺上一个星期也不一定会有人经过，而且他的血流失得太多，即使等到了人，自己恐怕也早就因为流血过多而死去了。伐木工的右腿腿骨已经彻底被压成了碎片。树干太重了，无论他怎么用力推，树干就是纹丝不动。伐木工明白自己只有一条路可走了，于是用电锯锯断自己被大橡树压住的右腿，然后爬到汽车上，开车去最近的一家医院。

在锯腿的过程中，伐木工没有麻药让自己减轻痛苦，甚至没有止血的药。剧烈的疼痛让他几乎不省人事，伐木工几欲昏厥，但是为了自救，他顽强地挺了过来，锯下了自己被压住的右腿。在开车去医院的途中，他一直控制住自己，不让自己在路途中晕倒，直到被医生放到担架上，他才终于放心地晕了过去。

伐木工锯腿自救的经历很快就在当地广为传播，电视台把他的经历做成一期节目在电视上播出。这个节目一播出就产生了强烈的反响，人们都被他积极自救的精神折服。很多人遇到这个伐木工的境地时，也许会认命，不负责任地把眼睛一闭，然后等待那个或许会到来的救援。这样消极的态度能救回自己的性命吗？显然是不可能的。这个坚强的伐木工没有听天由命，也没有怨天尤人，他紧紧地握住自己的命运，最终救了自己的性命。

我们在现实生活中也许不会遇到像那个伐木工一样生死悬于一线的处境，但是，每个人的生命中都会伴随着挫折，这其中的道理都是相通的。很多时候，如果我们消极地等待，那么恐怕也就失去了靠自己的力量挽救自己的机会了。会不会有别人来救我们？谁也不知道。但是如果我们积极地面对人生的每一次挫折、挑战、困境，我们会发现，很多事情都是想起来困难，做起来简单，只要我们肯做，肯将自己的命运牢牢地抓在手中，我们就可以做到最好，成就卓越。

天神也无法帮助所有人，你必须靠自己

在草原上横行霸道不可一世的狮子是当之无愧的百兽之王，它每天都可以受到草原上各种动物虔诚的朝拜。在它的领地里，它想吃谁就吃谁。但是，狮子的生活却并不像想象中的那样快乐，因为它的心底隐藏着一个不可告人的秘密——它也有害怕的东西。

这一天，狮子终于忍不住了，它决定去问问天神，自己到底应该怎样做才能真正的无所畏惧。它对天神说：“伟大的天神啊！我很感谢您赐给我如此雄壮威武的体格、如此强大无比的力气，是您给了我足够的能力来统治这片草原。”

天神听了，微笑地问："聪明的狮子啊，这恐怕不是你今天来找我的目的吧！如果我没猜错的话，你一定为了某事而正感到困扰吧！"

狮子轻轻叹了口气，说："知我者，莫过于天神哪！我今天来的确是有事相求。因为尽管我是一个万人敬仰的大王，但是每天鸡鸣的时候，我总是会被鸡鸣声给吓醒。神啊！祈求您，再赐给我一点神奇的力量，让我每天早晨可以不再被鸡鸣声给吓醒吧！"

天神笑道："你去问问大象吧，动物们不是都说大象是这片草原上真正的智者吗？我看它那里就有你所要的答案。"

狮子兴冲冲地跑到丛林里找大象，可是还没等它见到大象，就听见了大象跺脚所发出的"砰砰"巨响。狮子赶忙加快了脚步想要看个究竟。只见大象正气呼呼地直跺脚，样子好像十分烦恼。

狮子问大象："尊敬的大象，都说你是草原上真正的智者，是什么让你发这么大的脾气？"

大象拼命摇晃着大耳朵，吼着："蚊子，有只讨厌的小蚊子，总想钻进我的耳朵里。害得我都快痒死了。"

聪明的狮子在刹那间明白了天神要告诉它的事情。它离开了大象，心里豁然开朗："原来体型如此巨大，头脑如此睿智的大象，也还是会惧怕那么瘦小的蚊子，那我还有什么好抱怨的呢？反过来想一想，毕竟鸡鸣也不过一天一次嘛，而蚊子却是无时无刻不在骚扰着大象。这样看来，我可比它幸运多了。"狮子一边走，一边回头看着仍在拼命跺脚的大象，心想，"原来天底下谁都会遇上麻烦事，就连天神也无法帮助所有人。既然如此，那我只好靠自己了！"

从那以后，狮子真正找到了解决问题的办法。那就是每当公鸡打鸣时，狮子就告诫自己："啊！新的一天开始了，我该起床了。"时间一长，为了早起，狮子再也离不开鸡鸣声了。

在漫长的人生之路上，我们难免会遇到挫折。很多人只要稍微遇上一些不顺心的事，就会习惯性地抱怨老天待人不公、亏待了他。事实上，老天是最公平的。就拿狮子和大象来说吧，老天既赐给了它们威猛的力量，又赐给让它们感到困惑的障碍。面对困境，不同的人会有不同的应对办法。其实，每个困境，都有其存在的正面价值；每个障碍，就是一个新的已知条件。只要我们自己愿意，在任何困境和任何障碍面前，我们都可以好好把握自己，让那些挫折成为我们超越自我的契机。

最能依靠的人只能是你自己

从前，有个放牛娃上山砍柴，突然遇到老虎袭击。放牛娃吓坏了，抓起镰刀就跑。然而，前方已是悬崖，老虎却在向放牛娃一步步逼近。

为了生存，放牛娃决定和老虎决一雌雄。就在他转过身面对张开血盆大口的老虎时，不幸一脚踩空，向悬崖下跌去。千钧一发之际，求生的本能使放牛娃抓住了半空中的一棵小树。可是这样就能够生存了吗？上面是虎视眈眈、饥肠辘辘的老虎，下面是阴森恐怖的深谷，四周到处是悬崖峭壁，即使来人也无法救助。吊在悬崖中的放牛娃明白了自己的处境后，禁不住绝望地大声哭了起来。

这时，他一眼瞥见对面山腰上有一个老和尚正经过这里，便高喊“救命”。老和尚看了看四周的环境，叹息了一声，冲他喊道：“老僧也确实没有办法呀，看来，只有你自己才能救自己啦！”

放牛娃一听这话，哭得更厉害了：“你看我这副样子，怎么可能自己救自己呢?”

老和尚说：“你与其那么死揪着小树等着饿死、摔死，还不如松开手，找一个看起来松软的地方跳下去，那毕竟还有一线希望呀!”说完，老和尚叹息着走开了。

放牛娃又哭了一阵，嘴里不停地骂老和尚见死不救。天快要黑了，上面的老虎算是盯准了他，死活不肯离开。放牛娃又饿又累，抓小树的手也感到越来越没有力量了。怎么办?放牛娃又想起了老和尚的话，仔细想想，觉得他的话也有道理。是啊，现在除了靠自己还能靠谁呢。这么耗下去，只能是死路一条，而松开手跳下去，也许仍然是死路一条，也许就会获得生存的可能。既然怎么都是一个死，不如冒险试一试。

于是，放牛娃停止了哭喊，他艰难地扭过头，选择跳跃的方向。他发现万丈深渊下似乎有一小块绿色，会是深潭吗?如果是深潭就好了，也许跳下去后不会摔死。他告诉自己：“怕是没有用的，只有冒险试一试，才有获得生存的希望。”

就这样，放牛娃咬紧牙关，在双脚用力蹬向绝壁的一刹那松开了紧握小树的手。身体飞快地向下坠落，耳边有风声在呼呼作响，他很害怕，但他又告诉自己绝不能闭上眼睛，必须瞪大眼睛尽量调整自己落地的地点。奇迹出现了，他落在了深谷中唯一的深潭中!

后来，放牛娃被乡亲们背回家养伤。两年以后，他又重新站立了起来。的确，在当时的情况下，没有人能救得了他，他只能依靠他自己。

不要总是依赖别人，把一切希望都寄托在别人身上，而要依靠自己解决问题，因为每个人都有许多事要做，别人只可能帮一时却帮不了一世。所以，靠人不如靠自己，最能依靠的人只能是你自己，除了你自己，没人能救你。

相信自己，肯定自己

草原上，百兽之王狮子正在阳光下惬意地睡着午觉。一位过路的神见了，决定和它开个玩笑，于是在它的尾巴上挂了张标签，上面写着“驴”，有编号，有日期，旁边还有个神的签名。神做完这一切后，就躲在一旁准备看热闹。

狮子醒来后看见自己尾巴上的标签，它感到非常恼火，心想：“我明明是狮子，是百兽之王，可是神为什么非要说我是一头驴?”于是，狮子满腔气愤地来到野兽中间。

“我是不是狮子?”它厉声质问一只狐狸，显然，它有些激动。“你看起来像狮子,”狐狸慢条斯理地回答，“既然神说你是驴，那么你恐怕是一头长着狮子外表的驴。”

听到这话，狮子的心情更差了，它郁闷地想：“一向聪明的狐狸怎么会把我当成驴？我又从来不吃干草！算了，还是去问问野猪吧，它见多识广，什么都知道。”“你的外表，无疑有狮子的特征,”野猪说，“可具体是不是狮子我也说不清！我可从来没见过这么奇怪的事情。”

狮子徒劳地追问，它低三下四地求山羊作证，又向老虎解释，还向自己的家族求援。同情狮子的，当然不是没有，可谁也不敢怀疑神的旨意。

这件事情将原本威武的狮子折磨得憔悴不堪，它再也不是以前那个霸气的十足百兽之王了。一天早晨，从狮子洞里忽然传出了“嗯昂”的驴叫声，看来，它真把自己当成是驴了。

这个故事告诉我们，别人对我们的评价如何并不重要，重要的是你要正确地看待自己，相信自己，肯定自己。对于我们自己到底是狮子还是驴的问题，没有谁能比我们自己更清楚。

太阳升起的地方就是东方

一只乌龟决定去东海参加东海龟王为女儿举行的招亲比武大赛。乌龟有一身硬功夫，它也早就听说龟公主有着倾国倾城的美貌。所以，这次去东海，它是志在必得。但是，这只乌龟有一个最大的缺点，它天生就没有方向感，它根本不知道该往哪走，才能到达东海。没办法，自己不认路，那就只好问别人。

“兔老弟，你知道去东海应该朝哪个方向走吗？”乌龟见一只兔子从草丛里蹿出来，赶忙上前问道。

“朝那个方向。”兔子看见曾让自己的家族蒙羞的乌龟，自然不会放过骗它的机会，故意指着西方对乌龟说。

“那边真的是东方吗？我好像记得，小时候妈妈说太阳升起的地方才是东方啊。”乌龟迟疑着说。

“你看看，太阳不正挂在天边吗？”兔子指了指黄昏的太阳对乌龟说。

“哦，真的，太阳真的挂在那里，谢谢你。我知道该怎么走了。”乌龟说完，便毫不迟疑地朝着西方爬过去了。乌龟费力地爬呀爬呀，可第二天早晨，当它爬累了，准备休息时，偶然一回头，却发现太阳正高高地挂在身后的天空中。

这下乌龟可迷茫了。“怎么两边都有太阳？我该怎么办？到底哪边是东方呢？”乌龟伤心地哭了起来。

“乌龟老兄，你哭什么呀？”一只热心肠的狐狸正好路过，它听见了乌龟的哭声，好奇心起，便跑过来问道。

“我……我想去东方，可不知道应该朝……朝哪个方向走。”迷路的乌龟已经哭得上气不接下气了。

“嗨，这还不简单，太阳升起的地方就是东方，你迎着太阳升起的方向走准没错。”狐狸说完后就走了。

乌龟心想：“这下可以去东海了。”然后转身便朝着太阳升起的地方爬去。可刚爬了几步，它又停下了脚步，因为它又想起妈妈曾说过的一句话，“狐狸是狡猾的动物，你千万别听它的花言巧语。”想到这里，乌龟疑云顿起，于是，它决定听兔子的话，转过身又开始往回爬。爬了一段，乌龟又想到一个问题，兔子不是自己家族的手下败将吗，它会不会因为当年的失败而怀恨在心，并且借此机会来报复自己呢？于是乌龟又折回身子，朝太阳升起的地方爬去。但一想起妈妈的话，它又怀疑起狐狸所说的话的真实性。

就这样，日子一天一天地过去了。乌龟仍在原地反复折腾，已经犯了疑心病的它再也不肯相信任何人的话了，可是它自己呢，又不认识路。结果，比武招亲的日期早已过去了，乌龟相思了很久的龟公主也早已成了别人的新娘。

好命运得靠自己去把握，而不是靠他人的指点就能得到的。就像那只乌龟，它不知道自己该何去何从，结果只能听别人的，而听别人的却又信不过别人，最终只能在原地兜圈子。明白了这个道理，我们就知道：只有做自己命运的主人，把握自己人生的航向，坚定自己的信念，才能不被他人的言行所左右，才能把握住自己的人生航向，一步一步走向成功。

优秀的人不会等待机会

从前，有一位虔诚的传教士来到了古老的尼罗河畔，为了能把自己的信仰发扬光大，他可以不惜一切代价。

有一次，他要乘船到河的对岸，不小心跌入了水流湍急的河里。但他并不着急，因为他相信自己是一位传教士，是为上帝传达旨意的使者，所以他坚信上帝一定会来救他的。

此时正好有人从岸边经过，但他想上帝会救他的，于是没有呼救。当河水把他冲到河中心时，他发现前面有一根浮木，但他想上帝会救他的，于是照样在水中扑腾，一会儿浮一会儿沉。最后他被淹死了。

传教士死后，他的灵魂愤愤不平地质问上帝："我是您的传教士，是为了传达您的旨意才不小心掉入河里的，您为什么不救我呢？"

上帝回答："我还奇怪呢！我给了你两次机会，为什么你都没有抓住？"

这个传教士一心一意地等待上帝来救自己，结果呢？他对上帝赐予他的机会视而不见。事实上，优秀的人不会等待机会，而会去寻找并抓住机会，把握机会，征服机会。而要做到这一点，我们只需要做一件事：靠自己，行动起来。

在您没有看到我之前，请不要作决定

迈克尔小的时候家里非常穷，在假期来临的时候，他不能像别的孩子那样无忧无虑地玩耍。他对爸爸说："爸爸，我决定整个假期都不再向你要钱了，我要自己找一份工作。"

爸爸听了之后十分震惊，对他说："好呀，我可以帮你找一份工作的，但是恐怕不容易，因为现在失业的人那么多。"

"爸爸，你还没有弄明白我的意思，我是说我要自己为自己找一份工作。我要一切都由自己来做，并且爸爸你也没有必要那样消极，尽管现在失业的人很多，可是并不能说明我就找不到工作呀！有些人，我是说有些人总可以找到适合自己的工作的。"

"哪些人？孩子。"

"那些会动脑筋的人。"迈克尔回答道。

迈克尔在广告栏上看到了一份适合自己的工作，广告上要求应聘的人要在第二天早晨9点到公司面试。第二天，迈克尔没敢睡懒觉，他在8点就早早地到达了那里。可是，已经有20来号人在那里排队了，他只好排在了队伍的第21名。

怎样才能引起老板注意而成功应聘呢？迈克尔开动了脑筋，他认为只要善于思考，办法一定会有的。

最后，他想出了一个好主意。他拿出一张纸，在上面端端正正地写了一行字，然后整整齐齐地折好，走向秘书小姐，恭敬地对她说："小姐，请您马上把这张纸条交给您的老板，这非常重要。”

这位秘书小姐是一个聪明人，她看出迈克尔的与众不同之处，于是对他说：“让我看看这张纸条吧。”她看后不禁微微一笑，立刻站起来，走向老板的办公室，把纸条交给了老板。

后来，迈克尔真的被录用了，他是当时为数不多的几名幸运儿之一。

因为，那张纸条上写着：“先生，我排在第 21 位，在您没有看到我之前，请不要作决定。”

迈克尔给自己创造了一次机会，机会偏爱那些善于思考的头脑。我们要善于开动脑筋，给自己创造一个机会，说不定我们的人生就会开始改变。在机会面前人人平等，人与人各不相同，面对机会的做法也不同。弱者、愚者等待机会、错过机会。而强者却不会去等待机会，而是自己主动去播下创造机会的种子，再收获机会。没有机会，那就自己创造机会，这就是强者的理念。

不能把幸运当成命运

在海洋里，懒汉鱼是有名的懒汉。它不爱劳动，连游泳也不愿自己出力气，而是用头顶上的吸盘吸在其他鱼身上，让人家带着它到处旅行。

鲨鱼是海洋里的恶霸，但懒汉鱼却很喜欢它。趁鲨鱼不注意的时候，懒汉鱼偷偷地钻到鲨鱼的肚子底下，把吸盘吸在鲨鱼的肚皮上。鲨鱼虽然不大乐意，但也拿它没办法。就这样，懒汉鱼不掏钱买票，就搭上了鲨鱼这条“豪华游轮”。鲨鱼游到哪儿，就把它带到哪儿。鲨鱼吃剩的东西，也就成了它的美餐。

过了一些日子，懒汉鱼跟鲨鱼跟腻了，抓住一个机会，它又吸到了鲸鱼的身上。不久，它觉得鲸鱼也没意思了，瞅准时机，又换乘到海龟身上。懒汉鱼就这样换来换去，想乘哪条“船”就乘哪条“船”，不出力、不操心、不愁吃、不愁喝，日子过得比神仙还舒服。

海洋里的动物们见懒汉鱼这么懒，都瞧不起它。懒汉鱼却一点儿也不感到脸红，它说：“你们那么勤快，也不见得比我过得好，这说明我具有生存的智慧!”

一天，懒汉鱼正想再换一条“船”乘乘，忽然看见一个自己从来没有见过的东西在眼前晃动。它好奇地想，这玩意儿好新鲜，让我吸上它玩一玩。于是，它离开了海龟，吸到了那个东西的上面。

可是，这回它失算了。那个东西原来是渔民放到海中专门引诱懒汉鱼的。懒汉鱼还没有弄清是怎么回事，就被渔民拉到了船上。

偶然中奖是可能的，但如果把买彩票当成事业来做是一点儿都不现实的。同样，幸运是会有的，但如果把幸运当成命运就大错特错了。世上没有免费的午餐，天上没有白掉的馅饼。想不劳而获是很愚蠢的。唯有靠自己努力，才能获得成功，只有亲身奋斗才能通向胜利的彼岸。

敢问路在何方？路在脚下

在澳大利亚的一片大草原上，一只袋鼠迷失了方向，它找不到走出大草原的路了。眼看天色已近黄昏，夜幕马上就要笼罩大地，黑暗中的种种危险也正在一步步地逼近。

袋鼠心里明白：在黑暗中，只要自己走错一步，就有掉入深坑或陷入沼泽的可能；而如果在原地等待天亮，那些潜伏在黑暗中的猛兽就会拿自己来当晚餐。袋鼠此时感到前所未有的恐惧。

突然，袋鼠发现在自己的前方还有一只小兔子在不停地赶路。袋鼠高兴极了，连忙上前打招呼："亲爱的小兔子，我迷路了，你能帮我走出这片大草原吗？"

"我也正想离开这片危险的草原呢！我认识路，让我们一起走吧。"小兔子友善地对它说。

袋鼠跟在小兔子身后，不停地走啊、走啊。袋鼠突然发现自己又绕回到了原地，根本没有走出这片危机四伏的草原。它明白了小兔子和它一样，也迷路了。于是，失望的袋鼠离开了同样迷途的小兔子，摸着黑，一步一步地朝前走。

没过多久，袋鼠又碰到了一只正在赶路的小羊。小羊信心满满地跟袋鼠打包票，说自己一定可以带着它走出这片草原，因为自己拥有走出草原的精确地图。于是，袋鼠又把求生的希望寄托在小羊身上，它满心欢喜地跟在小羊身后，直走到筋疲力尽时，还未走到草原的尽头。袋鼠忍不住要过小羊手中的地图仔细一看，才发现这竟然是新西兰的地图。袋鼠又一次失望了，它离开了小羊。

袋鼠漫无目的地在草原上走着。疲惫和恐惧渐渐侵蚀了它走出草原的勇气和信心。于是，袋鼠放弃了所有的希望，沮丧地躺在草原上打算听天由命，看是谁来享用自己这顿美味的晚餐。无意间，当袋鼠把手插进口袋里时，摸到了一张父亲以前留给自己的草原地图。袋鼠若有所悟地笑了：原来，真正的路就在自己脚下。

敢问路在何方？路在脚下！我们每个人的路都是自己走出来的。当我们陷入困境时，我们每个人都天生具有一份内在的地图，指引我们离开充满危险的大草原。但前提是，我们不能总是把希望寄托在别人身上，因为很多时候，真正的救星往往是自己。

你就是自己的圣人

1947年，著名的美孚石油公司董事长贝里奇到位于南非开普敦的一家分公司视察工作，在卫生间里，看到一位黑人小伙子正跪在地上擦拭黑污的水渍，并且每擦一下，就虔诚地叩一下头。

贝里奇对此感到很奇怪，问他为什么要这样做，黑人小伙子答道："我在感谢一位圣人。是他帮助我找到了这份工作，让我终于可以自食其力。"

贝里奇笑了，说："我曾经也遇到一位圣人，他使我成了美孚石油公司的董事长，你想见见他吗？"

小伙子说："我是个孤儿，我一直都想报答养育过我的人。这位圣人如果能让我吃饱之后，还有余钱，我很愿意去拜访他。因为如果我有了钱，我就可以报答我的恩人们了。"

贝里奇被黑人小伙子的话感动了，他说："既然你是南非本地人，那么你一定知道，南非有一座有名的山，叫大温特胡克山。我告诉你，那上面住着一位圣人，他能给人指点迷津，凡是遇到他的人都会有很好的前途。20年前，我到南非时登上过那座山，正巧遇上他，并得到他的指点，所以才有了现在的地位。如果你愿意去拜访他，我可以向你的经理说情，准你一个月的假，并且把那个月的薪水提前发给你。”

于是，这位小伙子谢过贝里奇后就真的踏上了去大温特胡克山的路。在这 30 天的时间里，他一路披荆斩棘，风餐露宿，历尽艰辛，终于登上了白雪皑皑的大温特胡克山。然而，他在山顶徘徊了一整天，除了自己，山顶上再没有任何其他的人。

黑人小伙子很失望地回来了。他见到贝里奇后说的第一句话是：“董事长先生，一路上我处处留意，但直至山顶，我发现，除我之外，根本没有什么圣人。”

贝里奇说：“你说得很对，除你之外，根本没有什么圣人。因为你自己就是你自己的圣人，这世上任何人都是靠不住的，就连我也骗了你，这世上你所能依靠的只有你自己！”

20 年后，这位黑人小伙子成为了美孚石油公司开普敦分公司的总经理，他的名字叫贾姆纳。在一次世界经济论坛峰会上，他以美孚石油公司代表的身份参加了大会。在面对众多记者的提问时，他侃侃而谈，关于自己传奇性的一生，他说了这么一句话：“你发现自己的那一天，就是你遇到圣人的时候。这是贝里奇董事长送给我的最珍贵的礼物，远比我现在的地位要珍贵得多。”

这个世上有太多的人因为看不见自己，因此就只会崇拜他人、崇拜偶像，并最终让自己成为一个庸庸碌碌的普通人。心中没有“我”的人，就不会有信心，也不会有勇气，更不可能有人生的目标。只有自己才能成就自己，只有自己才能使人生变得更美丽。

像狼一样自强自立

在一个月明星稀的晚上，一只饥饿的瘦狼在去村子里偷羊的时候遇到了一只肥肥的看家狗。狼很羡慕狗，想问问它如何才能让自己吃饱饭。

“你看上去怎么这么壮实？”狼问，“你肯定比我吃得好多了。”

“话倒是没错，我的确比你吃得好多了，而且永远不会挨饿。但是，如果你要吃我吃的东西，就得干我干的活。”看家狗说。

“什么活？”狼一边问一边心想：我每天拼命地觅食，那不也是干活吗？我可就没有人家吃得好。

“就是尽心尽职地给主人看家、防贼什么的。”狗回答道。

狼心想，不就是看家防贼吗？那有什么难的，于是问狗：“我可以试试吗？”

狗一见狼愿意跟自己一样为主人效力，就领着狼匆匆向主人的宅第跑去。

它们在一起跑的时候，狼看到狗脖子上有一圈明显的伤疤，于是好奇地问道：“你的脖子是怎么搞的？”

“是平时铁链子套在脖子上勒的。”狗满不在乎地说。

“链子？”狼吃惊了，“难道你平时不能自由自在地随意走动吗？”

“不能完全随我的意，”狗说，“主人怕我白天乱跑，因此把我拴起来。不过到了晚上，我还有一定的自由。重要的是我可以吃到主人吃不了的食物。主人非常地宠我，要知道，我每天都能吃到新鲜的羊肉呢……怎么啦，你怎么不走啦，你要到哪儿去？”狗一见狼正在离开它，急切地喊。

“我要回到森林里去，”狼回头说，“你吃你的美食去吧，我宁可吃得糟糕点，也不愿意让链子拴住脖子，失去了宝贵的自由。”狼说完一溜烟地跑了。

像那只看家狗那样寄人篱下也许会能得到衣食方面的照顾，但付出的代价却是使自己的自由和发展受到了限制。而那些像那只狼一样肯于自强自立的人，会依靠自己的双脚前行，到自由自在的天空中去遨游。从某种意义上来讲，狗当然比狼幸福，但从人生的高度上来看，狼无疑真正懂得人生的真谛。

拥有一颗敢于探路的心

8 岁的萨波特上过两年学，就不得不回家了。他学会犁地以后，在农场干一整天活，能挣到 25 美分。没农活可干时，父亲鼓励萨波特找些“副业”。萨波特的第一项商业活动是卖煮玉米，那也是萨波特第一次接触到农场以外的世界。

玉米成熟的季节，萨波特推着小推车到地里掰玉米，然后再运回家。他把玉米壳剥去，摘掉玉米须，洗干净，将玉米在盐水里泡上一夜。第二天早上，天刚蒙蒙亮，萨波特就开始工作。玉米要煮半个多小时，既不能太入味又不能太硬。然后，萨波特把玉米捞出，滤干，两个一袋，分装成 50 多个纸袋。如果是周六，萨波特起床更早，因为周末生意好，要准备 100 袋。等一切就绪后，萨波特把所有的纸包放进大筐，骑上小自行车。有时候，萨波特也沿铁道线步行，去普恩卢里斯城中心卖。

整个秋天，如果生意好，玉米到中午就能卖光，而萨波特的口袋里也会多了一块钱。回家途中，萨波特要经过一个加油站。普恩卢里斯有几个老兵，在一战中受过伤，政府按月发给他们抚恤金。因为他们不需要工作，白天就坐在加油站外闲聊、喝酒。看见萨波特有卖不掉的玉米，他们也会买几包，但萨波特必须收拾干净他们丢在地上的垃圾，并容忍他们的各种恶作剧，这就是代价。这几个老兵里面，有一个老兵尤其喜欢捉弄萨波特。记得有一天，生意不太好，萨波特的筐子里剩下不少玉米。他让萨波特按他手指指示的方向迈步，如果萨波特能做到准确无误，他就买玉米。

萨波特同意了，他聚精会神地盯着老兵的手指，前进、后退、向左、向右……突然萨波特的身子往后一倒，掉进了房子后面的水坑里。原来，老兵是故意这样做的，看见萨波特落汤鸡的样子，他们开心极了。当时，因为萨波特没有鞋穿，他的脚被水坑里的石头划破了一条口子。他们都是萨波特的顾客，萨波特忍着钻心的疼痛和怒火，一声不吭地离开了。

第二年年初，棉花的价格跌到了谷底，5 分钱一斤，25 美分就可以买 500 斤棉花。一些批发商积压了够卖两年的货物，于是，萨波特就找到了一个批发商，用自己 3 年来卖玉米和在农场干活攒下的钱，买了 6 包棉花，存在了后院的小仓库里。两年后，棉花价格涨到 16 美分一斤了，萨波特卖了存货。刚巧，附近农场的承包人去世了，萨波特就买了他名下的 6 间农房，转租给农场的雇工。这样，年仅 13 岁的萨波特，每天都有了 60 美分的收入。

这时候，萨波特又回到了学校。3 年后，萨波特卖掉了那 6 间农房，而这时候的价格是他买时的 3 倍，他这一次的投资回报颇丰。刚好，这使得萨波特一年后，很顺利地进入罗瑞海军学院上学。几年后，以优异成绩毕业的萨波特，成为了一名海军军官，因为他煮的玉米好吃，队员们都叫他“玉米官”。

天才之所以成为天才，是因为有一颗可贵的心和善于经营的大脑。他不但不害怕迷路，而且还有一颗敢于探路的心。他能在这一路上欣赏到最美的风景，品尝到最可口的佳肴，同时还会收获到最令人羡慕的成果。

第十五章　没有风平浪静的海洋，没有不受伤的船

人生如航行，人生规划就是人生的航线，沿着人生的航线行驶，就不会迷失，能顺利地向成功的彼岸行驶。没有风平浪静的海洋，没有不受伤的船，在人生的航行中，用自信创造奇迹，用拼搏成就梦想，相信自我，挑战自我，有一天，终会梦想成真。

任何时候，都不要轻视你自己

中午时分，又下起了小雨，车厢里的乘客突然多了起来。车子行驶至桥头时，上来了一老一小惹人注目的乘客。从相似的容貌看得出，他们是一对残疾父子。中年男子双目失明，而那个大约八九岁的男孩则是一只眼紧闭着，另一只眼能微微睁开些。

小男孩牵着他的父亲，一步一步地摸索着上车来，他们径直走到车厢中央。当车子缓缓继续前行时，小男孩有些疲惫的声音也随之响起："各位先生、女士们，你们好，我是约翰，现在唱几首歌给大家听。"

接着，音质很一般的电子琴响了起来，父亲弹琴，小男孩唱歌，孩子的歌声有天然童音的甜美。唱完了几首歌曲之后，男孩走到车厢的一头，正如人们所想的那样，他轻轻地走到每个人的身旁，叫一声"先生、小姐"，然后

默默地站立着。他没有托着盘子，也没有直接把手伸过去。所有人都知道他的意思，但都装出不明白的样子，或干脆把头转向另一侧。

当男孩空着小手走到车厢尾端时，坐在后排的一位中年妇女很气愤地尖声大叫起来："怎么搞的，这么多乞丐啊，连车上都有！"顿时，所有的目光都集中到小男孩和他父亲的身上。而这时，男孩小小的脸上突然显现出与年龄极不相称的冷峻，他抬起头，声音提高了一倍，一字一顿地说："小姐，我不是乞丐，我是卖唱的。"

霎时间，所有淡漠的目光都变得生动起来，不知是谁带头鼓了掌，片刻，车厢里掌声连成一片。这时候，车厢另一个角落的一位老人说："小伙子，你的歌声很动听，那么，请你再唱几首歌，好吗？"小男孩腼腆地一笑，电子琴和童音再次响了起来。

老人颤颤巍巍地从衣兜里掏出两块硬币，顿时，不等歌声停下，车厢里的人纷纷将钱币放进了小男孩的外衣口袋里，那位脸色微红的中年妇女是继老人后的第二个投币者。

人可以忍受别人鄙视的眼光、不屑一顾的神态，甚至于嘲讽。但任何时候，都不要轻视你自己，因为你要记住自己是一个有尊严的人。

用热情激发潜能，发挥出无穷的活力

费尔原是美国职业网球明星，41 岁时，因体力不济他告别了体坛，不得不另找工作。几天来，因为种种原因应聘失败后，费尔想到了原来向自己推销保险的那些推销员。费尔琢磨着，凭自己的旧交情，去保险公司应聘推销员不会有什么问题。出乎意料之外的结果是，人事部经理拒绝了他。这位经理说，推销保险必须要做到的第一点是有热情的笑脸，但费尔没有也做不到，因此无法录用。

面对这样的回答，费尔没有打退堂鼓，而是决心像当年初涉网球领域那样从头开始。既然是要先学会笑，费尔就天天在客厅里放开声音练习笑。好几次，费尔的笑声使邻居产生误解，大家认为失业对他刺激太大了，他一定是精神出了问题。

过了一个月后，费尔又跑去找到了保险公司的人事部经理。他当场展开笑脸，然而得到的却依然是冷冰冰的回答："不行！笑得不够。"

费尔生来的犟脾气使他回到家里继续练起来。又一个月过去了，费尔信心满满地再次去了保险公司。这一次，人事部经理看过费尔的表演后，忍不住哈哈大笑起来。费尔的心里沸腾了，看来有希望。就在人事部经理笑过之后，又严肃地说了一句："不行，笑得太假！"

费尔愣了片刻之后，还是没有气馁，他回到家再接再厉。一次，他在路上遇见一个老朋友，习惯性地笑着打招呼，对方惊喜地说："费尔先生，一段时间不见，看来你很快乐啊，昔日你总是严肃冷漠的脸庞上，竟然有这样婴儿般的笑容，您和以前简直是判若两人。"听完了老朋友的评论，费尔充满信心地再次去拜访经理。

这一次，费尔终于如愿以偿，被保险公司录用了。后来，费尔就是靠这张苦练而并非天生的笑脸，成了全美推销保险的高手，年收入突破了百万美元。

任何人都可以自我完善，关键在于你有没有热情，热情能够激发潜能，让你发挥出无穷的活力。任何人都会有热情，而不同的是，有的人只能保持 30 分钟的热情，有人可以保持 30 天的热情，而一个成功者却能让热情持续终生。

让自己成为金子

美国前国务卿鲍威尔家境寒微，也不是名门望族出身。鲍威尔年轻时，凭借自己壮硕的身体，从事各种繁重的工作，帮补全家人的生计。

有一年的夏天，鲍威尔在一家汽水厂当杂工，除了洗瓶子外，老板还要他拖地板、搞清洁，等等。鲍威尔毫无怨言地认认真真干活。有一次，在搬运产品过程中，一个员工不小心打碎了50瓶汽水，弄得车间一地玻璃碎片和团团泡沫。按常规，这是应该由打碎产品的工人清理打扫的，但老板为了节省人工，要干活麻利的鲍威尔去打扫。当时，鲍威尔有点气恼，欲发脾气不干，但他转念一想，自己是厂里的清洁杂工，这也是自己分内的活儿。于是，鲍威尔尽力地把满地狼藉的脏物，在很短时间内打扫得干干净净。

过了两天，厂里的负责人通知他，他被晋升为装瓶部主管。自此，鲍威尔记住了一条真理：凡事全力以赴，总会有人注意到自己。

经过自己的努力，鲍威尔以优异的成绩考进了军校。后来，鲍威尔官至美国参谋长联席会议主席，衔领四星上将，又曾膺任北大西洋公约组织、欧洲盟军总司令的要职，任总统组阁的国务卿。鲍威尔一直全力以赴地工作，在五角大楼上班时，这位已经是四星的上将往往是最早到办公室又是最迟下班的。同僚们曾赞赏他说：“我们的将军，无处不身先士卒。”

命运对每个人都是公平的。有些人不屈服于命运的淫威，自己掌握了自己的命运；有些人为命运所左右，甘心做起了命运的奴隶。所以，相同的遭遇，才会有了不同的命运。让我们坚信：是金子总会发光的，即便它处于一堆沙砾之中，最终也会被人发现的。

给自己一个正确的方向

格林布是在法国的一个小镇上长大的，刚来到德国时，为了练习绘画，他竭尽全力，哪怕整天饿着肚子，也梦想着有朝一日，能成为一个有名的画家，出人头地。然而，经过几年努力，一切仍然事与愿违，一张又一张呕心沥血创作的油画无人问津，口袋空空常常使得他生活窘迫。直到有一个冬天，他在街头的积雪中睡着了，差点被冻死过去。吃尽苦头，历经挣扎，差点丢了性命的格林布才意识到，自己的想法和做法很不切合实际。他觉得自己必须先找到一种适合自己的生存方式，以后才能够实现当名画家的理想。

格林布经过观察发现，德国一般的传统家庭，都很注重全家人每天在一起的聚餐时间，并把这时候看作是亲情交流沟通的美好时光。为了营造共进晚餐时的气氛，即使有时候食品简单得只是些面包、果酱和香肠，但场面却绝对高贵典雅。最有特色的是，在晚餐时候，每个人都要铺上艺术餐巾纸，并根据当天的天气、幸运色，以及不同的节日来挑选合适的艺术餐巾纸。如果，大家是品东方茶，就配上东方茶具和有东方图案的餐巾纸；而如果喝咖啡，则垫上印有巧克力豆的餐巾纸。因此，一般价格在 5 欧元左右的一包 10 张装的艺术餐巾纸，销售的行情都很好。

这时候，格林布有了一个自己的想法，他决定暂时改变自己追求的方向。格林布应聘去了一家餐巾纸设计公司。在那里，格林布受到了众多人的排挤，连老板也因为格林布好提意见和多揽事而讨厌他。格林布认为自己不应该放弃，于是，他到处打零工。一年后，格林布在一位朋友的帮助下，成立了自己的餐巾纸设计公司，他将法国人的浪漫充分体现在自己的纸巾设计作品中，将德国人的严谨应用到他的企业管理中。

经过十几年的努力，终于，格林布从一个食不果腹的自由画家，成功地变为一位设计师。在艺术餐巾纸的设计和销售方面，格林布更是大名远扬。如今，格林布决定要实现多年来想当著名画家的梦想。他还要建立一个属于自己的博物馆，将他设计的所有艺术餐巾纸和油画陈列出来，供人们参观收藏。

在努力实现目标的过程中，除了顽强斗志和不懈奋进外，更需要一个正确的方向。倘若只是一味地蛮干，只低头拉车，不抬头看路，也许只会葬身于坎坷和挫折的泥潭中。

没有风平浪静的海洋，没有不受伤的船

在有着悠久造船历史的西班牙港口城市巴塞罗那，有一家著名的造船厂，这个造船厂已经有 1000 多年的历史了。造船厂在建厂的时候，创始人像其他的人一样，希望自己的船厂能够在这个港口城市里，永远立于不败之地。

于是，这个造船厂立了一条规矩，就是从建厂的这一天开始，所有从造船厂出去的船舶都要造一个小模型留在厂里，并把这只船出厂后的命运都刻在模型上。创始人希望自己的做法，能够时刻提醒和警示自己，以及厂里所有的人。这样，厂里就用一个房间专门用来陈列船舶的模型。

一年年过去了，厂里所造船舶的数量不断增加，所以陈列室也逐步扩大。最初，厂里只是用一间小房子做陈列室，后来一次又一次地扩大。在这个过程中，船厂的创始人发现自己出厂的船，没有一只从下海那一天开始没有过

受伤的经历……这一发现，让创始人非常遗憾。

但是，创始人并没有放弃自己保存小模型的做法。于是，在一次次的扩建中，船厂的陈列室变成了造船厂里最宏伟的建筑，里面陈列着将近10万只船舶的模型。而每一个模型上都用文字详细地记录着该船经历的风风雨雨。有一只名字叫公主号的船舶模型上，雕刻的文字是这样的：“本船共计航海49年，其中12次遭遇冰川，有5次遭海盗抢掠，有8次与别的船舶相撞，有23次发生故障而抛锚搁浅。”在陈列馆四面墙上，都是对上千年来，造船厂所有出厂船舶的总数统计：造船厂共出厂的近10万只船舶当中，有6100只在大海中沉没，有9070只因为受伤严重不能再进行修复航行，有6万只船舶遭遇过20次以上的大灾难……

现在，这个造船厂的船舶陈列馆，已经成为西班牙最负盛名的旅游景点，成为西班牙人教育后代获取精神力量的基地。所有走进这个陈列馆的人都会被那些船舶模型所震撼，不仅仅是因为船舶模型的精致和千姿百态，也不仅仅是因为感叹造船厂悠久的历史和对西班牙航海业的卓越贡献，更是被每一个船舶模型上面用心坚持雕刻的文字所震撼！这一切都说明了，所有船舶不论用途是什么，只要到大海里去航行，就会受伤，就会遭遇灾难。

人的一生，就像大海里的船舶，选择航行就会遭遇风险。因为没有风平浪静的海洋，没有不受伤的船舶，而只有永无休止的奋力航行。

脚踏实地，站得稳，走得远

司马光学风严谨，对自己要求很严格。编写《资治通鉴》期间，他为自己规定，每三天修改一卷。一卷史稿四丈长，平均一天修改一丈多，若遇事耽误了，事后必须补上。

每天晚上他总是让老仆人先睡，自己点上蜡烛工作到深夜，第二天凌晨又起身继续工作。天天如此，19 年如一日。夜里，他怕因困乏睡过了头，便让人用圆木做了个枕头，木枕光滑，稍稍一动，头即落枕，人便惊醒。后人称此枕为“警枕”。司马光的住处，夏天闷热，无法工作，司马光便让人在屋子里挖一个大坑，砌成一间地下室。地下室冬暖夏凉，成了他编书的好地方。

而当时的东京留守王宣徽每到夏天便到他名园的高楼上避暑享受，人们笑说：“王家钻天，司马家入地。”司马光修改过的书稿堆满了整整两间屋子。书法家黄庭坚曾看过其中的几百卷，发现这些书稿全部是用工笔楷书写成的，没有一个草字。

司马光曾问他的好友邵雍：“你看我是怎样一个人？”邵回答说：“君实，脚踏实地人也。”意思是说司马光研究学问，勤奋刻苦，踏实认真。

司马光为编写《资治通鉴》用了 19 年时间，开始编写时，司马光 48 岁，编完时，已是 66 岁的老人了。这 19 年，司马光“秉烛至深夜，警枕破黎明”。长期的伏案工作，耗尽了他的心血，刚过 60 岁，他便视力衰退，牙齿脱落，面容憔悴。《资治通鉴》写成后，还没等出版，司马光便与世长辞了。为了悼念这位伟大的史学家，皇帝宋哲宗亲自临丧，并下旨为他举行隆重的官葬。他家乡山西夏县的人们为纪念他，特为他建了墓碑亭，树起一块巨碑，这块巨碑连同底座高达 9 米，比帝王的神道碑和墓碑还要高大。碑额刻有宋哲宗的御篆“忠清粹德之碑”字样，大文学家苏东坡为其撰写了碑文。

每个人的一生都是自己的，走怎样的路都只能由自己决定，从没有什么圣人、高人可以帮你。只有脚踏实地的人才会站得稳，走得远。当你发现自己的那一天，也就是你遇到圣人的时候。事实上只有自己才是自己的圣人，遇到困难，遇到险境没人可以帮你，只有靠自己，生活也只有在这样的尊严里才能活出自信和精彩。

从实际出发，客观审视自己

玛琳娜从加州的一个大学表演系毕业后，独自一人到了纽约，投奔自己儿时的好朋友蕾莎，她渴望能在话剧舞台上，实现自己的梦想。然而，没有一个剧团愿意给一个没有背景，又不是选美冠军的女孩演出的机会。经过二十几天的奔波应聘之后，玛琳娜的积蓄越来越少，她不得不到一家餐厅的衣帽间打工，靠每周 70 多元钱的收入勉强度日。

两个月后，父亲在电话里告诉玛琳娜，如果到圣诞节前，她还是无业游民，就必须回家到他的公司上班。日子一天天过去了，玛琳娜用最后的一点钱，买了 3 天后晚上的回家机票。如果不这样做，她连回家的路费都没有了。玛琳娜很痛苦，父亲眼中所谓的自己不知天高地厚的梦想从此就要结束了。很凑巧的是，就在玛琳娜准备回家的前一天，蕾莎所在的剧团有一个空缺，她为玛琳娜争取到了 3 分钟的试演机会。欣喜的玛琳娜决定在回家之前，为命运最后赌一把。

那天上午，玛琳娜早早来到排练场，结果发现有十几个窈窕淑女排在玛琳娜前面，玛琳娜是第 21 号，她要到下午才能轮到。看着一个个穿着入时、面容娇美的候选人，玛琳娜心里的底气一下子就泄去了不少。

中午，玛琳娜想到百老汇大街上的百思则，那里是嬉皮士和著名人士的聚集地，据称是纽约最地道的意大利餐馆。既然留下来的希望渺茫，最后去感受一下百老汇的气氛也好啊。玛琳娜走进餐厅，看到女招待递过来的菜单，她这才意识到这里的价钱比一般餐馆贵了好多倍。而现在玛琳娜只剩下 6 元 5 角钱，连付小费都不够。玛琳娜小心翼翼地对一脸不耐烦的女服务员说："请问，还有再便宜些的菜吗，比如什锦色拉之类的?"浓妆艳抹的女服务员有意把声音提高了说："对不起，没有！我们不为乡巴佬提供服务。"这时候，其他客人不约而同地抬起头看着玛琳娜，玛琳娜从容自若地站起身，微笑着说："没关系，我刚巧也不接受势利眼的服务。"四周传来一片笑声，玛琳娜甚至听到有人在鼓掌。"哦，我也是的。"坐在玛琳娜邻桌的一个长着满脸络腮胡子的矮个子男人一边鼓掌一边说："看来，我们要另找地方吃午饭了。"他走过来很礼貌地为玛琳娜拉开椅子，和玛琳娜一起昂首阔步地走出了百思则的门槛。

站在大街上，玛琳娜和矮个子终于忍不住大笑起来。几分钟后，矮个子强止住笑建议道："我知道一个做地道的意大利粉的地方，绝对不超过 5 元！怎么样，要去吗?"玛琳娜被矮个子的幽默感染了。

10 分钟后，玛琳娜和矮个子坐在一个狭窄却整洁的小店里，店主的英文不敢恭维，但他端出的香肠粉是玛琳娜有生以来吃过的最地道的意大利粉。矮个子显然是这儿的常客，一边吃一边给玛琳娜讲这家老板的趣事。这时候，店主的小儿子为他们端来了甜点。也许是太紧张，他不小心碰翻了矮个子的杯子，柠檬茶溅了矮个子一身。尽管玛琳娜和矮个子再三安慰他，但那可怜的孩子仍然满脸沮丧和歉意。趁着矮个子没留意，玛琳娜一回手把自己的水杯也打翻了，顿时地上又出现了一大滩水，玛琳娜的衬衫袖子也被弄脏了。“啊，对不起！我都20多岁了，还经常碰翻东西。如果你爸爸问起来，请代我向他道歉。”玛琳娜故意大声说，于是小家伙脸上又露出了灿烂的笑容。

开心的玛琳娜一抬头看见矮个子正专注地盯着自己看，显然玛琳娜的小伎俩没能瞒过他的眼睛，不过他装出什么也没看到的样子，很快转移了话题说：“你大学毕业了吗，打算干什么?”“嗯，我想演戏，不过我最大的问题是一张嘴观众就笑个不停，不管多惨的悲剧，只要我一说台词，不知道为什么，总有人会笑。”玛琳娜沮丧地说。矮个子感兴趣地盯着玛琳娜的脸，仿佛想从上面找到宝藏似的。“我今天下午还有最后一次试演机会，如果不行，晚上我就回老家了。”“那你有多大把握?”矮个子关切地问。“有95%的把握……被淘汰。哈哈!”玛琳娜一副满不在乎的样子笑起来，其实，她心里一点儿也笑不出来。

玛琳娜和矮个子各自付过账，在店门前道别时，矮个子突然说：“作为感谢，你不介意带我去看你的试演吧?”“当然不介意，只要你发誓到时候一定不要笑。”

两个小时后，玛琳娜面对几位导演，朗诵自己精心准备的台词。本来是狄更斯的经典悲剧，但台下却传来阵阵笑声，即使是外行也看得出气氛不对。台下只有蕾莎和后排的矮个子努力做出严肃的样子，但玛琳娜可以看到他们眼睛里抑制不住的笑意。试演完后，玛琳娜得到剧团秘书一个简单而礼貌的答复：“一有消息，我一定会立刻联系你。”玛琳娜知道自己已经没戏了。

蕾莎送玛琳娜到剧院门口，眼角还忍不住带着笑意说：“嗨，刚才那几个导演都说你是喜剧天才呢！要不要再留下一段时间，看有没有试演喜剧的机会?”玛琳娜强作笑脸地和朋友搭着话，心里却酸酸地痛，最后的希望破灭了，连老朋友蕾莎也笑自己了，“试一试喜剧”，无非是婉转地告诉玛琳娜：

“你没有演舞台剧的天赋，该适可而止了。”玛琳娜知道是回家的时候了，离飞机起飞还有 5 个小时，虽然没在这里找到机会，但和一个有趣的家伙一起吃顿饭也挺开心。确切地说，自从毕业以后玛琳娜还是第一次这么开心和放松。

这时候，玛琳娜才猛然记起矮个子还在排练场里，刚才玛琳娜从后台出来时，忘了和他道别了。虽然此刻心情很不好，但玛琳娜还是决定找到他和他道别，否则就这样不辞而别是不礼貌的。然而，接下来的事情让玛琳娜做梦也想不到，因为正是道别的想法，让玛琳娜的生活彻底改变了。

玛琳娜正要回去找矮个子时，却看见他手里拿着一叠文件走了出来：“玛琳娜，我是乔·贝恩。因为中午吃饭时我刚演出完，没来得及卸妆，对不起。”说完，矮个子取下了粘在脸上的络腮胡子。玛琳娜惊讶得合不拢嘴了，天啊，他竟然是大名鼎鼎的喜剧王子乔·贝恩。矮个子继续微笑着说：“我马上要去瓦克巡回演出，需要一个搭档。这儿的导演是我的好朋友，我觉得你非常合适。怎么样，你想要试一试吗？”已经激动得说不出话来的玛琳娜只是拼命地点头。

很快，玛琳娜就不可阻挡地红了起来。一年后，玛琳娜这个名字就已经是家喻户晓了。

一个人能否获得成功，并不完全取决于他所处的环境、所接受的教育、所具备的技能以及能力，而是由多方面的因素促成的。其中就包括，想要获得成功所必须遵守的基本原则。这个原则就是从自己的实际情况出发，客观地审视自己，为自己制定一个合理而又有可能实现的目标。

唤醒内在的智慧

在动物界，老虎被认为是兽中之王，凤凰被认为是鸟中之首，而燕子在大家的眼里根本就是微不足道，什么都算不上。论羽毛，燕子没有孔雀那么漂亮；论嗓音，燕子没有百灵那样婉转；论能力，燕子又没有啄木鸟那样受人重视。这样一来，燕子经常受到同类的奚落，但是，它却依然勤劳地飞来飞去，自由自在，不去理会那些闲言碎语。

眼看着许多鸟兽在人类的追杀中，濒临灭绝，燕子却依靠自己的智慧一天天生存下来。所有鸟的共同特点都是害怕人类，它们将自己的巢筑在大树和深山之中，以避免遭到人类袭击。而燕子却不然，它似乎清楚地懂得，人类是既不能离他们太近，又不能离他们太远的一族。看那些家禽，离人类太近，终遭人类随意杀戮；再看那些野生动物，离人类远远的，结果也遭到人类猎捕。于是，燕子将栖息的鸟巢建在人类房屋正堂的梁上，却没有人故意去伤害它，这就是燕子的精明之处。在这之后，小小的燕子还知道，要注意与人类保持一定的距离。它安心地在此生养繁衍，过了一段时间，当人们厌烦其飞来飞去和乳燕声嘶力竭的叫喊时，燕子便知趣地举家迁走。当人类的火气平息下来，不见燕子身影，又念燕子的好，盼它回来的时候，燕子便又回来了。

可能是从那些距人类太近或太远的动物的遭遇中得到了启示，燕子时刻保持自己的精神独立，它既与人亲近，又不受人的控制，使人像敬神般地敬奉它，称它为益鸟，将其燕尾称之为剪刀，并将燕子的到来形容为春天到来的象征。

追求无穷的智慧，不一定需要漂亮的外表。燕子懂得根据人类的情绪起落的规律，而安排自己的生活节律。聪明的人也应该掌握内在智慧的源泉，不轻易迷信权威，这才是面对挫折的最好方法。

只要有心，一切皆有可能

皮特尔出生在一个贫苦的家庭。为了让弟弟继续上学，皮特尔 12 岁的时候，便独自外出打工。因为年纪太小，没有一家工厂聘用他。流浪很久的他找到了一个贵族家庭，在他的苦苦哀求下，贵族的夫人答应让他当一名勤杂工。

终于有了工作的皮特尔每天很勤快地帮厨师杀鸡、洗鱼，帮清洁工拖地、扫厕所。他几乎包揽了所有最脏最累的活。他一天至少要干 12 个小时的活，而得到的工资却连一条最廉价的裤子都买不到。即使如此，皮特尔依然十分满足。他总是将自己挣来的钱攒起来，给家里度日。

为了让家人不再紧巴巴地过日子，皮特尔更加努力地干活，他希望有一天主人能够多给自己一丁点。一天晚上，将近凌晨时分，刚刚躺下的皮特尔被急促的敲门声惊醒了。原来是贵夫人要去赴一个约会，她要皮特尔赶快将自己的衣服熨烫好。皮特尔急急忙忙地做好准备，但是煤油灯下困乏的眼睛总是看不清。皮特尔便去拿煤油灯想放近一些，一不小心煤油灯被打翻了，灯里的煤油溅在了贵夫人的衣服上。要知道，这一件昂贵的衣服可是皮特尔干一年活也买不来的。皮特尔被吓坏了。

最后，贵夫人要求皮特尔赔偿。沮丧的皮特尔苦苦地哀求贵夫人，自己白干一年活来赔偿这件衣服。就这样，干一年活换来一件衣服。皮特尔打算将它送给妈妈，其实那件衣服只是弄脏了一点而已。但是，皮特尔不敢将这件事情告诉妈妈，他明白，妈妈知道后会很伤心的。于是，皮特尔将那件衣服挂在自己的窗户前面，以便警示自己不要再犯错误。

一天，皮特尔盯着窗户前的衣服发呆的时候，突然发现，被煤油浸过的地方不但不脏，反而将原有的污渍清除了，那一块布的颜色更加鲜艳了。后来，皮特尔经过了反复的试验，又在煤油里面加了一些其他的化学原料，研制出了干洗剂。

两年后，皮特尔离开了贵夫人家，自己开了一家干洗店。于是，世界上的第一家干洗店就这样诞生了。皮特尔的生意越来越好，几年后，他的干洗店便遍布于世界各个角落，他也成为了世界瞩目的干洗王。

人世间没有绝对的挫折，成功和惊喜往往蕴藏在某种灾难之中；而苦难中却有可能掩埋着希望的种子。所以，塞翁失马，焉知非福，只要你是一个有心人，一切皆有可能。

勇于挑战自己

某大集团招聘人才，应者云集。经过几轮淘汰，还剩下 11 位应聘者。这一次，公司最终将留用 5 位，第 4 轮面试由董事长亲自主持。

休息之后，最后一轮的较量开始了。蹊跷的是，面试考场出现了 12 个应聘者。董事长问：“谁不是应聘的?”一个瘦弱的女孩起身：“先生，我第一轮就被淘汰了，但我想参加面试。”女孩的话逗笑了在场所有的人，包括站在门口给大家倒茶的那个老头。

董事长饶有兴趣地问女孩：“你第一关都过不了，来这儿又有什么意义？”女孩说：“第一关过不了，不等于我过不了最后一关，我来挑战自己。”室内又一次大笑。董事长饶有兴致地接着问女孩：“你凭什么来迎接挑战呢？”“财富，我掌握了很多财富，我本人就是。”貌不惊人语惊人的女孩让室内紧张的气氛一次次改变，“我只有一个本科学历、一个中级职称，但我有5年的工作经验，曾在8家公司任过职……”女孩叙述着。董事长打断她：“你5年的工作经验倒很不错，但跳槽8家公司，我不欣赏。”女孩站起身：“先生，我没有跳槽，而是那8家公司先后倒闭了。”

在场的人都在窃笑，一个应聘者说：“你真倒霉!”女孩也笑了，说：“我不倒霉，相反，这正是我的财富。”这时，站在门口的老头走进来，给董事长倒茶。女孩离开座位，一边转身一边说：“我很了解那8家公司，我曾与大伙尽心尽力挽救它们，虽不成功，但我从中学到许多东西。有的人只是追求成功的经验，而我更有避免错误与失败的经验。”

董事长打量着瘦弱女孩，听着她的豪言壮语不动声色。这时候，女孩走到了门口，她忽然又回过头说：“这5年经历的8家公司，锻炼了我对事物敏锐的洞察力，举个小例子吧，今天真正的考官是这位倒茶的老人。”董事长和全场的应聘者一样哗然，董事长盯着女孩，应聘者惊愕地盯着倒茶的老头。老头笑了：“很好! 你第一个被录取了，因为我急于知道，我的表演为何失败了。”

竞争日趋激烈的社会，光有能力和学识是远远不够的，假如你多一份责任心，有着避免错误与失败的经验，还有敏锐的洞察力，就能叩开成功的大门。即使你能力非凡，或者只是一般，都请不要忘记要勇于挑战自己。

通往成功的路有很多条

有一个叫罗西的年轻人，从一个偏僻的山村来到阿拉斯加。第一次走在这么繁华的都市街头，啃着干硬冰冷的面包，罗西觉得世界是那么美妙，他在心里暗暗发誓，一定要在这里闯出一片属于自己的天地。

对于一直长在山村里，从没有进过大学校门的罗西来说，要想在这座城市找到一份称心如意的工作，简直比登天还难。很自然地，所有的公司都拒绝了罗西的求职请求。一次又一次的打击，让他感到心灰意冷。

有一天，罗西接到一家日用品公司的面试通知。罗西兴冲冲地前往面试，但是面对主考官有关各种商品的性能和如何使用的提问，他吞吞吐吐一句话也答不出来。摆在他眼前的东西，从未接触过，有的连名字都叫不出来。眼看唯一的机会就要消失了，罗西在转身退出主考官办公室的一刹那，不甘心地问："请问，你们到底需要什么样的人呢?"

主考官被罗西逗笑了，他说："我们就是需要能把仓库里的商品都销售出去的人。"回到住处，回味着主考官的话，罗西突然有了奇妙的想法："不管去哪一个地方应聘，那些公司其实都是在寻找能够帮自己解决实际问题的人。既然如此，我为什么不主动出击，寻找那些需要帮助的人?"罗西想，总有一种帮助是他能够提供的。

不久，在当地一家报纸上，罗西登出了一则这样的启事："我本人保证，如果你个人或者贵公司遇到难处，需要得到帮助，而且我也有能力给予帮助，我一定竭力提供最优质的服务……"接下来，让罗西没有料到的是，这则并不起眼的启事登出后，他接到了许多来自不同地区的求助电话和信件。

本来只是想找一份工作的罗西知道了很多有趣的事情，比如说，卡迪为自己的花猫咪生下小猫，自己照顾不过来而发愁，但海伦却为自己的宝贝女儿吵着要猫咪，找不到卖主而着急；南边的幼儿园急需大量鲜奶，而东郊的一处牧场却奶源过剩。很多诸如此类的事情出现在罗西的面前。罗西将这些情况整理后，全部记录下来，然后毫不保留地告诉那些需要帮助的人。不久，一些得到他帮助的人给他寄来了略表谢意的汇款。而此时，一家需要市场推广员的公司找到了罗西，想聘用他。

一年后，罗西辞职，自己注册了一家信息公司，业务越做越大，他很快成为阿拉斯加最年轻的富翁之一。

世界上没有万能的成功公式，也没有什么万能的成功定律。“条条大路通罗马”，通往成功的路也有很多条，总有一条是属于你的，但到底是哪条路，就要靠自己去寻找和选择了。成功没有定律，最可取的办法就是从实际出发，量力而行，全力而为。幸运从来不会主动光顾你，机会要靠自己去寻找。有时候，给别人帮助的同时，也就为自己打开了最好的成功之门。

第五辑

苦难是所学校，毕业就会幸福

——心态好，一切就会变好

人生总是苦乐参半，悲欢离合，阴晴圆缺，

坎坷迷离，凡此种种，人生百味。

没有一帆风顺的人生，苦难是人生的一种磨炼，

历经了委屈、苦难、逆境，

我们方能收获乐观、坚强、豁达、从容。

第十六章　人生没有过不去的坎，只有过不去的心

人生福祸相倚，笑泪相织。得和失，成和败，聚或散，都是人生的一种成长。无论是痛苦大于快乐，还是欢喜大于忧伤，看淡，心情才好；看开，日子才愉快。

抛弃烦恼，开心一笑

澳大利亚草原上的一位牧羊人总是羡慕别人的羊群比自己的数量多，别人的羊毛质量比自己的好。因此，他每天都“烦、烦、烦”地喊着，并冲家里人发脾气，还不时向上帝祈祷，希望与别人交换命运。

上帝见状，决定帮他实现交换命运的心愿。于是，上帝对他说：“你把所有的烦恼都装进口袋里吧，然后去到篱笆墙边。那儿有无数袋烦恼，你喜欢哪一袋，就换哪一袋回来。”

牧羊人向上帝表示过感谢后，便赶快把自己的烦恼装进口袋，背在肩上出发了。

一路上，牧羊人觉得肩上的口袋越来越沉重，他甚至觉得自己被压弯了腰，再没有力气前进了。但是，他太希望与别人交换命运了，因此他强撑着背着口袋踉踉跄跄地一步一步往前挪。

牧羊人边走边想着自己的一个远房亲戚，他不仅在城里有别墅，还有可爱的儿女、年轻漂亮的妻子，这个亲戚一定没有烦恼。

牧羊人又想到牛奶厂的厂长，他看起来多么的自在逍遥啊，他不用干活，家里雇用了挤奶工、厨师，他的日子过得比任何人都滋润。

牧羊人又想到种花的老人，他过着与世无争、超绝尘世的生活，他的那一份宁静和从容，让自己多么羡慕啊！种花老人的烦恼一定少之又少。

当牧羊人来到篱笆墙边时，上帝让天使将他肩上的口袋卸下来，放进一大堆装着麻烦、苦恼、不满、屈辱、挫折等的口袋中，而这些口袋的主人都是牧羊人所羡慕的那些人：有农场主、牛奶厂的厂长、远房亲戚、种花的老人……

牧羊人看傻了眼，他喃喃道："上帝啊，感谢您的仁慈，让我有机会从这么多人中挑选交换命运的对象，我太高兴了！"

天使说："你慢慢挑吧。只要你选出一个最喜欢的，就把它带回家，这样你的命运就改变了，你的烦恼就会烟消云散。"

牧羊人听后高兴地开始了他的挑选工作。他花了一整天的时间，选了又选，挑了又挑，在天黑之前才选出了一个重量最轻的口袋。这个口袋的分量实在太轻了，仿佛里面什么都没有装似的。

牧羊人开心极了。他在回家的路上想："口袋里的烦恼这么少，说不定是州长的呢，要么就是最有名气的那个律师的。"

到家后，牧羊人放下口袋，迫不及待地打开一看时，几乎哭了出来。原来，他在堆积如山的口袋里，竟然挑出了他自己的那一袋。在一整天的挑选中，他称了又称、量了又量之后，原来，他的烦恼、苦闷才是最轻和最不给自己造成心理负担的。

从此以后，牧羊人开始能以正确的态度来对待自己生活中的痛苦、忧愁了。这些原本是他极想和别人交换的，但现在，他已经能坦然地面对了。

在漫长的人生岁月中，总会有一些不愉快，总会有一些不顺利让人烦恼。就像人吃五谷杂粮，总会生病一样，没有人能避开烦恼。烦恼无处不在，无时不有。事实上，对于生活中的烦恼，我们根本不必太在意。许多事情当时觉得很难，过后想想不都是又不那么难了吗？更何况，生活中的烦恼多数是一些鸡毛蒜皮的事。不想听的事，就不要让它进入耳朵；不可避免地进入耳朵了，就要想办法不要让它进入大脑；无法阻挡地进入大脑了，就要想方设法不要让它停留在记忆中。要学会忘记，学会清理，学会整治，这样才能抛弃烦恼，大脑才能有更多的空间容纳更多的开心事。

清理“心灵垃圾”，保持乐观心态

哈佛大学一个教授曾经向他的学生们说起他保持乐观心态的方法——洗涤心灵。

如何洗涤自己的心灵呢？他告诉他的学生们，他曾有一次向学校请了3个月的假，然后让他的家人和学校的同事、朋友们谁也不要问他到底去了哪里。他要彻底离开自己生活的圈子一段时间，如果有需要的话，他会主动和他们联系的。

他先是去了美国南部的一个农场，在那里，他成了一个农民，白天干农活，晚上就跟工友们一起喝咖啡、聊天，和他们一起分享单纯的快乐。有的时候，在努力地劳动了一天以后能喝到热的咖啡、与工友们聊一些简单的生活琐事和开一些玩笑，他觉得很幸福。但是因为对于干农活来说他是一个“新手”，所以干的活不如别人好。虽然大家都帮助他，教他怎样干活，但是他干活的质量和其他人相比还是有一些差距，所以他经常因此而受到农场主的责骂。在那里，谁也不知道他是世界上最有名的大学的教授。后来，他慢慢适应了农场里的工作节奏，习惯了农场里的生活。

离开了农场之后，教授在一家饭店当上了刷碗工。因为他没有经验，所以刷盘子刷得很慢，跟不上饭店里的节奏，满足不了老板和厨师们的要求，因此常常挨骂。而当他很着急，想要赶上大家节奏的时候，又常常会因为匆忙而打碎一些盘子。这样他不仅要受到老板的责骂，而且还得从自己不多的工钱里面扣除一部分来赔偿打碎的盘子。然而幸运的是，他的工友们都很热情，对他很好，白天工作的时候常常帮助他，晚上和他一起出去玩、一起聊天，他很快又交到了一些朋友，而且大家都是真诚的人。不久，他和工友们混熟了，刷盘子也刷得顺手了，很少再打破盘子，刷盘子的速度也加快了，老板也对他越来越信任，经常会让他在前厅人手不够的时候帮忙端端菜，而教授本人也很享受这样的生活。他慢慢适应了这个新圈子。

就这样，时间飞快地流逝着，3 个月的假期一转眼就到了。于是，教授辞掉饭店里面刷盘子的工作，重返校园。这个时候，他的心态已经调整得相当好了。他觉得自己清理完了心里埋藏多年的垃圾，洗涤了心灵，对生活也有了一些全新的认识。教授说："当你不够乐观、不够积极的时候，你需要换位思考。我在农场和饭店里面工作，体验了两段不同的人生之后，我很珍惜现在的生活，我觉得现在的生活真的很不错，工作起来也更有激情了。"

人的确常常需要洗涤心灵，清理一下心里的垃圾，这样才能保持乐观的心态。偈云："身是菩提树，心如明镜台。时时勤拂拭，莫使惹尘埃。"但是当一个人彻底融入了一个环境之后，这个环境当中所发生的每件事都会打破人们心中固有的宁静，到了这个时候，暂时摆脱原来的生活，换个新的环境来体验一下，确实是个洗涤心灵的好办法。换一种环境、换一个心情，才能使自己明白自己原有的生活是多么的美好，从而产生珍惜生活的乐观心态。

一定要有成功的决心

从前有两只猴子，它们从小一起长大，有一个共同的梦想就是去遥远的花果山朝拜美猴王。终于，它们决定上路了。临行前，一只猴子准备了充足的水和食物，另一只猴子则两手空空，什么也没带。

“喂，老兄，此去花果山有万里之遥，一路之上千难万险，你怎么两手空空什么都不带啊？”准备了充足食物的猴子问道。

“老弟，我只是没带水和食物而已，谁说我什么都没带？”

“你明明连个包裹都没有。那你说，你都带了什么？”

“我带了决心！在这里！”空着手的猴子用手拍了一下自己的胸脯。

“哈哈！决心？决心能当饭吃吗，能当水喝吗？”

“的确，决心不能当饭吃、当水喝，但在关键时刻，它比饭和水更重要！而且我们是猴子啊，野果和山泉水就足够我们充饥了，我们又不是去野营。”

就这样，两只猴子踏上了去花果山的旅程。一路上，带着食物的那只猴子饿了就吃，渴了就喝。在路程刚走到一半时，它口袋中的食物就所剩无几了。因此，它开始变得忧心忡忡起来，甚至有了往回走的念头。而另一只猴子呢，除了匆匆赶路之外，饿了就随便到附近村庄讨一口饭吃，渴了就在路边喝一口山泉，有时甚至是靠采集野果充饥。虽然如此，但它显得很快乐，并热切地期待着自己早一天到达花果山。

一天，当带着食物的那只猴子，发现口袋里最后的一个玉米棒子也被自己吞下肚子，且水壶里一滴水也不剩时，它的精神也随之彻底崩溃了，它疲惫地对另一只猴子说：“老兄，咱们还是回去吧，这没有食物和水的日子可怎么过呀？”

“你可以像我一样，采食一些野果充饥不就行了吗？”

“我可不想吃那些野果子，又涩又苦，太难吃了。还有那些山泉水我也不能喝，我肠胃不好，喝了一定拉肚子！”

于是，两只猴子分手了。一只回了家，而另一只则坚定地朝花果山走去。

若干年后，花果山上的老猴王死了，新继位的猴王十分想念故乡和故乡的朋友，于是决定回乡省亲。在它的故乡，当初半途返回的那只猴子发现，新猴王竟是当年那只与它同行，且两手空空的猴子。

“你竟然成了猴王！你太了不起了！你是怎么做到的？”这只猴子急切地问猴王。“决心！”猴王拍了一下自己好朋友的肩膀，“这是我第二次用同一个答案回答你的问题了。”

有些人面临困难，便自暴自弃。而他们之所以无法成功的原因，就在于稍微受到点挫折便信心全失。在人生的道路上，成功并没有捷径，除了努力之外，更重要的是要有决心。正所谓心态决定命运，遇到难题，如果没有决心去突破“瓶颈”，而一味懊恼、颓废，最后就会像那只中途返乡的猴子一样一事无成。

自负害死人

在辽阔的蒙古大草原上有一个猎人，这个猎人的捕猎技术非常出色，大大小小的动物猎获了不少，家里有各种各样的兽皮。有一次，他正想出去打猎，刚一开门，一股寒风吹了进来，冻得猎人打了个哆嗦。于是猎人返身进门，想找张兽皮挡挡寒，顺手抓了一张狮子皮，披在身上就出去了。

到了野外，猎人越走越觉得不对劲，猎手的本能让他感觉有事情要发生。果然，只听得一声长啸，一只吊睛白额大虎跳了出来。猎人虽然可以设陷阱捕捉猛兽，但再好的猎手也不可能跟成年猛虎正面对抗。于是猎人心里暗想："糟糕，要躲也来不及，这下可完了。"

再说那只老虎，早已饿了多时，一见有东西过来，就要往上扑。可仔细一看，原来是只大狮子！于是赶紧溜开了！

猎人本来已经在等死了，可是站了半天，还不见老虎来吃他，大着胆子睁开眼一看，老虎夹着尾巴在往回跑，一闪就不见了。猎人给弄糊涂了，但又一想，对了，老虎肯定知道自己是个好猎手，因害怕自己而跑掉的。猎人非常得意，丝毫也没往自己披的狮子皮上去想。他趾高气扬地回到家，逢人就夸耀说："连老虎都知道我是打猎的好手，一见了我就马上逃走了！"

又过了几天，猎人又出去打猎了。这一回，他随便拿了一张狐皮挡风，像上次一样，走了没多远就又碰上了老虎。猎人一点不怕，大摇大摆地走了过去。老虎见是狐狸，连扑都懒得扑，就站在原地斜着眼睛瞧着他走过来。猎人走到老虎跟前，见老虎还不让路，不由大怒，高声威胁说："畜生，见了我还不滚开，当心我扒了你的皮！"老虎猛地跳过去，可怜的猎人，就这样成了老虎的一顿美餐。

猎人死在了自己的心态上，因为他太相信自己的捕猎技术，太自负了。正是自负这种不良心态蒙蔽了猎人发现问题实质的双眼，最终害得他葬身虎口。在现实生活中，我们是不是也对自己的某方面极度自信到了自负的程度呢？记住，自负不是种好心态，在生活和工作中，还是谦虚谨慎些才更有好处啊！

一念之间

汤尼是美国加利福尼亚州一位刚毕业的大学生。在当年的冬季大征兵中汤尼依法被征召入伍，并且被分配到最艰苦也是最危险的海军陆战队去服役。众所周知，海军陆战队是美国军队的骄傲，但同时也是阵亡率最高的一支部队，自从汤尼得知了这个消息，他几乎像患上了抑郁症一样惶惶不可终日。

在加州大学当教授的祖父见到孙子汤尼这副魂不守舍的模样，便开导他说："孩子啊，这没什么好担心的。到了海军陆战队，你将会有两个机会，一个是留在内勤部门，一个是分配到外勤部门。如果你分配到了内勤部门，那么打仗也就轮不到你了，那还有什么可担心的呢？"

汤尼问爷爷："那要是我不幸被分配到了外勤部门呢？"

爷爷说："那同样也会有两个机会，一个是留在美国本土，另一个是分配到国外的军事基地。如果你被分配到美国本土，那还有什么可担心的呢？"

汤尼问："那么，若是被分配到了国外的军事基地呢？"

爷爷说："那同样有两个机会，一个是被分配到和平而友善的国家；另一个是被分配到维和地区。如果把你分配到和平友善的国家，那还有什么可担心的呢？"

汤尼问："爷爷，那要是我不幸被分配到维和地区呢？"

爷爷说："那同样还有两个机会，一个是安全归来，另一个是不幸负伤。如果你能够安全归来，那还有什么可担心的呢？"

汤尼问："那要是不幸负伤了呢？"

爷爷说：“你同样拥有两个机会，一个是依然能够保全性命，另一个是医治无效。如果尚能保全性命，那还有什么可担心的呢?”

汤尼再问：“那要是医治无效怎么办?”

爷爷说：“还是有两个机会，一个是作为敢于冲锋陷阵的国家英雄而死，一个是唯唯诺诺躲在后面却不幸遇难。你当然会选择前者，既然会成为英雄，那还有什么可担心的呢?”

故事中的爷爷并不是在跟自己的孙子抬杠，他是想教给孙子一种豁达的人生态度。既然结果无法改变，那担心又有什么用呢？事实上，这个世界上的好事和坏事都不是绝对的。古人说：“福兮祸所倚，祸兮福所伏。”这个世界上的好事和坏事都只在我们的一念之间罢了。

缺陷往往并不值得自卑

从前有一个人，他从小就梦想当一个演讲家，但是由于他的种种缺陷——声音嘶哑、形体瘦弱，他遭到了人们的嘲笑。但是，这个人并没有因此而放弃自己的梦想，他去找了他的一个演讲家朋友史德知，希望朋友帮助他。朋友并没有直接告诉他什么，而是让他先朗读了几篇古代曲词，然后史德知也朗诵了起来。史德知的声音柔和悦耳，动作十分自然，举止文雅。这个人受到了启发。回到家，他特意建了一个地下室书房，每天在里面练习发声和动作。由于声音嘶哑，他就把石子含在嘴里练习发音；由于形体瘦削而端肩，他就把宝剑挂在两肩的上方使之端正而平稳。经过一番苦练，他终于实现了梦想，成了一名著名的演说家。他就是古希腊大演说家德摩斯梯尼。

还有这样一个人，从小就脆弱胆小，在学校课堂里总是显露一种惊惧的表情。他呼吸就好像大喘气一样。如果被点名背诵，立即会双腿发抖，嘴唇也颤动不已，回答问题时含含糊糊、吞吞吐吐，然后颓然地坐下来。由于牙齿的暴露，使他更没有一个漂亮的面孔。像他这样一个小孩，一般会很敏感，回避同学间的活动，不喜欢交朋友，成为一个只知自怜的人的可能性是很大的！然而，他并没有因为同伴对他的嘲笑而丧失勇气。他清楚自己身体上的种种缺陷。他从来不欺骗自己，认为自己是勇敢、强壮或好看的。他用行动来证明自己可以克服自身先天的障碍。以后的岁月里，凡是他能克服的缺点他都克服，不能克服的他便加以利用，通过演讲，他学会了如何利用一种假声，掩饰他那无人不知的暴露的牙齿，虽然他的演讲中并不具有任何惊人之处，但他并不因自己的声音和姿态而畏惧失败……他没有洪亮的声音或是威重的姿态，他也不像有些人那样具有惊人的辞令，然而在当时，他确是最有力的演说家之一。他就是美国历史上有名的总统罗斯福。

人生不如意，十之八九。在生活中，我们每个人都会有自己的缺点。但事实上，我们完全没必要为自己的缺点感到自卑，因为只要我们善于利用这些缺点，它们依然可以开出装点心灵家园的美丽鲜花。

带着“主角”的心态去表演

安妮上小学四年级了，她是一个很可爱的小女孩，从小就特别喜欢表演。她在家里的聚会或者亲戚之间的聚会中经常给大家表演节目，每一次都会获得大家的真心喝彩。当然，仅仅给家人表演还不能满足安妮的表演欲望，她希望有一天能够站在聚光灯下，在真正的舞台上表演，她渴望获得观众们的欢呼和喝彩。

终于，机会来了，安妮所在的学校要排演一个全部由小学生演出的大型话剧《圣诞前夜》。这个话剧会在学校的大礼堂里表演，到时候全校师生和家长们都会去看。选演员时，安妮第一个报名参加了面试。她认为自己很出色，肯定能够得到一个重要的角色。但是面试完了以后安妮却垂头丧气地回来了，因为她没有当上主角，当导演的老师只给她安排了一个无关紧要的角色——一只狗。失望的安妮把自己关在房间里，吃饭的时候也不想出来，躺在床上用被子蒙着自己的头，什么也不想干。

看到自己的女儿心情如此低落，安妮的妈妈敲开了安妮房间的门，进去开导她。当知道安妮的困境以后，妈妈说："安妮，你得到了一个角色，不是吗？不要看不起这个角色，你可以用主角的心态去演戏。你只有投入进去，才能够演好。即使角色只是一只狗，你也可以成为主角。只要拥有主角的心态，你就是主角。"

听了妈妈的这番话，安妮心中豁然开朗，她不再悲观，不再难过，全身心地投入到了话剧的排练之中。为了演好这只狗，她甚至去买了一副护膝，这样她在舞台上爬来爬去的时候就不会疼了。

演出的那一天终于到来了，安妮的爸爸妈妈也坐在台下看她的演出。先出场的是男主角，然后是女主角，他们坐在壁炉前聊天。这时，安妮穿着一套黄色的、毛茸茸的狗的道具服出场了，她手脚并用地爬上了舞台。安妮的出现把台下所有观众的目光都吸引到了她的身上，因为观众们发现安妮不仅仅是简单地在地上爬，而是把小狗的那种蹦蹦跳跳、摇头摆尾的姿态模仿得惟妙惟肖。紧接着，她在小地毯上伸个懒腰，然后才在壁炉前安顿下来，开始呼呼大睡。这一连串的动作，逗得台下的观众哈哈大笑。

随着剧情的发展，安妮进行了很好的配合，她时而从梦中突然惊醒，机警地四下张望，神情和家犬一模一样；时而好像察觉到异样，仰视屋顶，喉咙里发出呜呜的低吼声。她费尽了心思，表演得相当逼真。安妮的爸爸妈妈发现大家已经不再注意主角们的对白了，他们的目光都被安妮吸引住了。他们关注着安妮的一举一动，然后不时地发出笑声。

那天晚上演出，安妮虽然没有一句台词，但却抢了整场戏，虽然她演的仅仅只是一条狗，但却成为了这出话剧真正的主角。台下的每一个观众都深深地记住了安妮扮演的那只狗，所有的人都夸奖安妮有表演的天分。在安妮出来谢幕的时候，观众们给了她全场最热烈的掌声。

生活中很多时候，也许你也像安妮一样，并没有成为“主角”。我们所扮演的角色常常并不那么炫目，没有被大家当成“主角”，所以往往会被大家忽视。但是没有关系，让我们像安妮那样努力，带着主角的心态去“表演”吧。只要我们把自己当成是主角，那么我们就是自己生活中的主角。

骄傲是一杯毒酒

有一根非常绚丽耀眼的羽毛，生长在大鹏鸟的翅膀上。在众多的羽毛中，这根羽毛与众不同。它每时每刻都闪闪发亮，耀眼夺目，令其他羽毛羡慕不已。漂亮羽毛自己也因此得意洋洋，摆出一副不可一世的样子。

有一天，漂亮羽毛意气风发地对其他羽毛说：“大鹏鸟展翅飞翔时看起来如此壮观伟岸，还不都是因为我？要是没有我，它休想像现在这样风光。”

其他羽毛听了都低声附和。又过了一段日子，那根漂亮的羽毛更加自以为是地对其他同伴说：“我的贡献太大了，没有我的话，大鹏鸟哪里能够一飞冲天呢？”

漂亮羽毛整天陷在骄傲自负的泥沼里，无法自拔。终于它孤傲且目中无人地对大家宣布：“我觉得大鹏鸟已经成为我人生沉重的负担，要不是大鹏鸟硕大无比的躯体重重地拖着我，我一定可以自由自在地飞翔，而且会飞得更远更高。”

说完，漂亮羽毛就使出浑身解数，拼命地脱离大鹏鸟，最后它终于如愿以偿，从大鹏鸟的翅膀上掉落下来。可它在空中没飘多久，就无声无息地落在泥泞的土地上再也没有飞起来过，最后渐渐化为了泥土的一部分。

骄傲是一杯毒酒，它的毒性杀人于无形。最可怕的是，它会蒙蔽中毒者的双眼，让这个人再也看不清自己的价值。在生活中，我们不妨反思一下，是不是自己也说过类似于这根漂亮羽毛说的那些话呢？如果有，恐怕我们就得赶紧给自己“解毒”了。

即使不幸发生，也不悲伤

雷诺居住在法国巴黎，他在巴黎是一位非常著名的喜剧演员。在生活中，雷诺也是一个心态很好、很快乐的人，他还总喜欢在生活中营造一些小意外，让大家开怀一笑。所以，他无论是在舞台上还是在舞台下都很成功。观众们喜欢他，朋友和家人们也很喜欢他。

一次，雷诺给自己放了两个月的假，离开巴黎独自到乡下游玩，放松一下心情，顺便也可以寻找一些可以搬上舞台的素材。但是，当他的旅程还没有结束的时候，他忽然收到了家里的电报，他的爸爸病危，可能撑不了多长时间了，让他立即赶回巴黎。心急火燎的雷诺立即赶到火车站去买票，但是，雷诺只顾着担心，一不小心把自己的钱包弄丢了，身上就只剩下不多的一点零钱，这点钱远远不够让他买回巴黎的火车票了。

事情既然已经到了这一步，雷诺反而冷静了下来。他想出了一个绝妙的办法，让他自己只花了很少的一点钱就回到了巴黎。他用剩下的不多的钱买了一个信封和两瓶酒，并在那两瓶酒的酒瓶上分别写上“给国王喝的毒酒”和“给王后喝的毒酒”，然后把他的窘迫情况和急需回家的理由在信里详细叙述，把信寄给国王。

雷诺把信寄出以后故意让警察们看见自己带着的是“毒酒”。那个时候还没有电视，雷诺在巴黎再有名，乡下的警察也不可能认得他。于是，警察们看到这两瓶毒酒以后非常吃惊，把雷诺当成一个极度危险的犯罪分子押送到巴黎，准备让巴黎警方好好地审理这起“重大”案件。

不久之后，国王收到了这封信，他看完以后哈哈大笑，夸奖雷诺不愧是一个成功的喜剧演员，然后把他放了出来，这样一来，雷诺就搭着警察局的便车回到了巴黎。

当我们遇到雷诺那样的困境时会怎么做？恐怕好多人都会一筹莫展吧。很少有人能够冷静地想出好的办法来化解这个危机。但是，生活就是这样，错过的事情永远都不可能再重来，已经变成遗憾的事情也没有办法来弥补。所以，我们在日常生活中要保持冷静的头脑，在遇到困境的时候不要忙着悲伤，不要忙着后悔。再多的悲伤和后悔对我们来说也没有用，重要的是要像雷诺那样赶快冷静下来，想出解决问题的办法，只有这样，才能让自己的人生不留遗憾。

第三遍鸡鸣

有两个人偶然与神仙邂逅，神仙授予他们酿酒之道，让他们在端午那天用饱满的米与冰雪初融时高山流泉的水相调和，然后注入千年紫砂土铸成的陶罐中，再用初夏第一张看见朝阳的新荷覆紧，密封七七四十九天，直到鸡叫三遍后方可启封。

像每一个传说里的英雄那样，那两个人跋涉千山万水，历尽了千辛万苦，找齐了所有的材料，然后潜心等待七七四十九天后那个伟大的时刻。多么漫长的等待啊！启封那天终于到了，为了等待鸡鸣的声音，两个人一整夜都没有睡觉。远远地，传来了第一遍鸡鸣，过了很久很久，依稀响起了第二声鸡鸣。

可是，第三遍鸡鸣到底什么时候才会来？其中一个人再也忍不住了，他迫不及待地打开了陶罐，却惊呆了：里面的一汪水，好像醋一样酸，仿佛中药一样苦。他后悔莫及，失望地把它倒在了地上。而另外一个人，虽然欲望也像一把野火似的在他心里燃烧，让他按捺不住想要伸手，但他硬是咬紧牙关，坚持到第三遍鸡鸣响彻天际。最后，他酿出了一罐十分甘甜清澈的好酒。

很多时候，成功者与失败者的区别往往不在于更多的努力，或者更聪明的头脑，而在于是否能够坚持到底。这个“底”，有时是一年，有时是几天，有时仅仅是“第三遍鸡鸣”而已。

战胜内心的恐惧

美国有一位心理学家曾经做过这样一个实验：

他先是找了十个大学生作为志愿者，然后让这十个大学生穿过一间黑暗的房子。在他的指引下，所有人都成功地走到了房子的另一边。

接着，心理学家打开了房间里的一盏灯。在昏黄的灯光下，志愿者们看到房子的中间是一个大水池，水池里有十几条大鳄鱼，水池上方搭着一座窄窄的小木桥。原来，他们刚才竟是从这座看起来一点都不牢固的小木桥上走过去的。

心理学家问道："现在，你们当中还有谁可以再次穿过这间房子呢？"

有三个胆子大的站了出来。其中一个小心翼翼地走了过去，但是他的速度明显地比在黑暗中还要慢；另一个颤抖抖地踏上小木桥，走了一半时，竟趴在小桥上爬了过去；第三个刚走几步就一下子趴下了，再也不敢向前移动半步。

心理学家又打开房内的另外几盏灯，灯光把房里照得如同白昼。这时，志愿者们才看见小木桥下装有一张安全网，只是由于网的颜色很浅，在刚才昏暗的光线下才没有被发现。

心理学家又问道："现在有谁可以通过这座小木桥呢？"

这次，有五个人站了出来。

心理学家问剩下的人："你们为什么不愿意呢？这不是很安全吗？"

那些不愿意过桥的人异口同声地问道："你能保证这张安全网牢固可靠吗？"

其实很多时候，我们通向成功的路就像那座小木桥，失败的原因往往不是能力低下、力量薄弱，而是信心不足、勇气不够，还没有上场，就先败下阵来。而这实在是太可惜了，只不过人的天性就是趋利避害，所以这种恐惧心态很不容易被克服。但我们一旦克服了这种恐惧心态，就会发现，实际上那些所谓的危险，只是我们的想象罢了。

投机取巧是一个甜蜜的陷阱

从前有一个小贩，他和一头驴相依为命。他赶着驴走乡串村，做各种买卖。他曾贩卖过布匹、珠子、水果、蔬菜，反正什么能赚钱，他就卖什么。

有一天，这个小贩无意间听到了一个商机，他听人说海边的盐很便宜，于是就想去海边贩盐，然后把盐运到山里去高价卖出。

海边的盐果然很便宜，小贩一口气买了好几大袋，统统驮在了驴背上。一路都很顺利，他们来到山间，经过一道狭窄的石桥，桥下有条很深的小溪流过。商人牵着驴，在滑溜的石桥上小心翼翼地走着。驴子忽然滑倒，一下子跌进小溪。驴挣扎着逆水而游，溪水把它驮的盐溶化了，冲走了，就只剩下空口袋还系在鞍上。驴身上没有了负重，于是很容易地上了岸。这次死里逃生让驴意识到：原来掉进水里可以减轻身上的担子啊！

过了不久，小贩决定再去贩一次盐，他牵着驴到海边去，让驴驮上盐往山里走。一到那座狭窄的石桥，驴就想起它曾多么轻易地甩掉重担，不驮东西走路是多么舒服。这一回它故意跌进溪里去，直到盐溶化得一干二净才站起来。小贩也不是傻子，他怀疑这次根本就不是意外事故，而是那头驴子在搞鬼。于是，他想出了一个惩戒那头懒驴的好办法。

这一次，小贩放在驴背上的是几大口袋海绵，然后故意牵着驴子走到了那道石桥上。这一路驴子都在想："这口袋真轻，一到了那座石桥就会更轻了。"

不久，他们来到石桥。驴子的经验主义发作，又一次"掉"进了水里。可这次跟以往完全不同，海绵不仅没像盐那样很快溶化，却反而吸满了水。驴感到背上的口袋越来越重，心想："这是什么东西？不对劲儿呀！"

后来，它觉得自己在溪里直往下沉，就大叫道："救命呀！主人，救命呀！"小贩看见驴子被淹得半死，才从水里把它拉上岸。此后，这头驴子再也不敢耍小聪明偷懒了。

投机取巧是一个甜蜜的陷阱，只要成功了一次就会让人渐渐迷上那种"全世界只有我最聪明"的感觉。但是，依靠投机取巧也许会得利一时，却绝不可能得意一世，终究是要露出马脚、摔跟头的。因此，我们可千万别像那头驴那样，被投机心理拖了自己的后腿，否则到了事发的那一天，可不一定会有人把你拉上岸来啊！

包容生活里的苛责和难堪

睿光公司的面试通知，像一缕阳光照亮了法洛朗焦急期待的心。面试那天，法洛朗精心地梳洗打扮了一番，还换了一条新领带，以祝福自己能有好运。上午9点半，他准时走进了睿光公司的人力资源部。

等秘书小姐向经理通报后，法洛朗静了静心，提着手提包来到经理办公室门前，轻轻地敲了两下门。屋里传出来问询声："是法洛朗先生吗？"法洛朗慢慢地推开门说："你好！经理先生，我是法洛朗。"

“抱歉，法洛朗先生，你能再敲一次门吗?”端坐在沙发转椅上的经理，悠闲地注视着法洛朗，表情有些冷淡。经理的话虽令法洛朗有些疑惑，但他并未多想，关上门，重新敲了两下，然后推门走进去。

“不，法洛朗先生，这次没有第一次好，你能再来一次吗?”经理示意他出去重来。法洛朗重新敲门，又一次踏进房间：“先生，这样可以吗?”“这样说话不好……”法洛朗又一次走进去：“我是法洛朗，见到你很高兴，经理先生。”“请别这样。”经理依然淡淡地说道，“还得再来一次。”法洛朗又作了一次尝试：“抱歉，打扰你工作了。”

“这回差不多了，如果你能再来一次会更好，你能再试一次吗?”

当法洛朗第10次退出来时，他内心的喜悦和憧憬已消失殆尽，他有些恼火，心想，进门打招呼而已，这哪里是招聘面试呀，分明是在刁难戏弄人。

法洛朗生气地转身想要离开，可刚走几步他又停了下来：“不行，我不能就这样离开，即使公司不打算录用我，也得听到他们当面对我说。”于是，法洛朗稍稍地舒了一口气，第11次敲响了门。这次，他得到的不是拒绝，而是热烈欢迎的掌声。法洛朗没有想到，第11次敲门，叩开的竟是一扇成功之门。

原来，睿光公司此次是打算招聘一名市场调查员。而一名优秀的市场调查员，不仅要具备学识素质，更要具备耐心和毅力等心理素质。这11次敲门和问候就是考查一个人心理素质的考题。

生活里的苛责和难堪，虽然看上去是令人不舒服的遭遇，可是，如果你肯用耐心去化解，用毅力去稀释，用理智去包容，它也许就是你走向成功的前奏。

第十七章　没有历经苦难的人不懂人生

挫折是人生的一部分。芸芸众生，没有谁一生都是一帆风顺的，没有经历过磨炼的人不懂人生。承受过寒冷的人，才能感觉到阳光的温暖。不经历苦寒，哪得梅香？站在苦难的边缘，与挫折牵手，在挫折中慢慢打磨，让阳光洒满自己的人生，从而迎接自己的春天！

人生路，风雨相伴

一座泥像立在路边，历经风吹雨打。他多么想找个地方避避风雨，然而他动弹不得，更无法呼喊。他太羡慕人类了，他觉得做一个人真好，可以无忧无虑、自由自在地到处奔跑。他决定抓住一切机会，向人类呼救。

这天，一位长髯老者路过此地。泥像向老者发出呼救："老人家，请让我变成一个人吧！"老者看了看泥像，将长袖一挥，泥像立刻变成了一个青年人。

"你想变成人可以，但是你必须先跟我试走一下人生之路，假如你承受不了人生的痛苦，我马上把你还原。"老者说。于是，青年跟随老者来到了一个悬崖边。

只见两座悬崖遥遥相对，此崖为"生"，彼崖为"死"，中间由一条长长的铁索桥连接着。而这座铁索桥又是由一个一个大大小小的铁链环组成。

“现在，请你从此岸走到彼岸吧！”老者长袖一拂，青年已经来到了铁索桥上。

青年战战兢兢，踩着一个个大小不同的铁链环的边缘小心地前进着。忽然，青年脚下一滑，一下子跌进了一个铁链环之中，顿时两脚悬空，胸部也被铁链环死死地卡住，几乎透不过气来。

“啊，好痛啊！快救命啊！”青年挥动双臂，大声喊救命。

“请君自救吧！在这条路上，能够救你的，只有你自己。”长髯老者微笑着说。

青年得不到帮助，拼命扭动着身躯，奋力挣扎，好不容易才从这痛苦的铁链环中挣扎出来。“这是什么铁链环，为什么卡得我如此痛苦？”青年愤愤道。“我叫名利之环。”脚下的铁链答道。

青年继续朝前走。隐约间，一个绝色美女朝他嫣然一笑，便飘然离去，不见踪影。青年刚一走神，脚下一滑，又跌入另一个铁链环中，被死死地卡住。

“救……救命啊！好痛啊！”青年忍不住再次呼救。可是四周一片寂静，没有人回应他，也没有人来救他。这时，长髯老者再次出现，对他微笑着缓缓说道：“这条路上没有人可以救你，你只有自救。”

无奈又无助，青年拼尽全力，才从这个铁链环中挣扎出来。精疲力竭的他小心地坐在两个铁链环间小憩。“刚才这又是什么铁链环呢？”青年在琢磨。“我叫美色之环。”脚下的铁链答道。

经过一阵休息，青年顿觉神清气爽，心中充满了幸福愉快的感觉，因为他在为自己能努力从铁链环中挣扎出来而庆幸。

青年继续赶路。然而料想不到的是，他接着又掉进了贪欲之环、忌妒之环、仇恨之环……待他从这一个又一个痛苦的铁链环之中挣扎出来时，青年已经疲惫得不成样子。抬头望去，前面还有漫长的一段路，但他再也没有勇气走下去了。

“老人家！老人家！我不想再走人生之路了，你还是让我回到从前吧。”青年痛苦地呼唤着。

长髯老者再次出现，他对青年说：“要知道，这就是人生路！要想享受人生，就必须要经历这些啊！”

人生虽说短短数十载，却是一路风风雨雨相伴，磕磕绊绊不断。有风险，也有诱惑；有苦难，也有悲歌。人的一生需要迈过的门槛很多，稍不留神就会栽在其中一道坎上。等真正坚持走下来，在年老时回首往昔，如果我们没有因自己碌碌无为而羞耻，也没有因虚度年华而悔恨，我们这平凡的一生，也将是无悔的一生。

温室里的花朵不会长久

宁露的祖母简直是一位农艺学家，在她美丽的花园里，她收获了许多辛勤耕耘的快乐，园子里的每一寸土地都生动展示了她对种植的热情。当祖母和祖父把家搬到加利福尼亚州时，祖母将营造自己的新花园视作一次激动人心的全新冒险。

遗憾的是，不管祖母怎样精心培育，花园中央的一棵果树就是拒绝开花和结果。祖母如饥似渴地查阅了大量有关果树栽培的书籍，希望从中找到促其开花的方法。她甚至和它说话，为它唱歌，跟它讲道理，但一切都无济于事。

最后，祖母拨通了农业部的电话，要求与技术人员通话。她向接电话的人说明了自己遇到的难题，然后用笔写下了那人说的每一句话。祖母决心一丝不苟地按他的建议做，在陈述了一长串祖母早已尝试过的办法之后，那位农业部的技术人员提出了一条戏剧性的建议，用扫帚柄击打果树的基部，以此刺激它的根系。

祖母拎着扫帚向那棵顽固的果树靠近时，不由得左顾右盼。要是被邻居们看到一个70多岁的老太太棒打一棵果树，他们会怎么想呢？但祖母知道，震动也许能对萎缩的树根产生作用，甚至激活果树，令其开花，可她实在怀疑这个稀奇古怪的方法能否奏效。最终，祖母还是尝试了。

令祖母惊喜万分的是，第二年秋天，这棵树真的结出了累累硕果。在之后的许多年里，祖母的孙辈们仍在尽情享用这棵树上甜美的果实，而且它一年比一年丰产，一年比一年强壮。祖母击打果树的事，也成为了宁露家的经典幽默。想想看，一位端庄的老妪手持扫帚不停地击打一棵毫无还手之力的果树，那情景该有多么可笑！

后来，当宁露经历着人生中一段异常艰难的时期时，她打电话向祖母寻求忠告。祖母让她想一想果树的故事，祖母提醒宁露，即使一棵树也有困顿的时候，也需要敲打才能疏通经脉、积蓄养分。她亲切而诙谐地说，宁露的根正在经受着考验和击打，经过这样的刺激，宁露一定会开出更绚烂的花朵，结出更丰硕的果实。

后来，宁露度过艰难时期，并且成功地闯出了自己的天地。这一事实也证明了，祖母不仅是个了不起的园丁，更是一位充满智慧的导师。

长在温室里的花，娇艳得没有一点瑕疵，干净得没有受到一滴泥水的玷污，可是，它的生命力不会长久，是最容易夭折的。正如花朵需要经历风雨，年轻的心也需要不断地鞭策和激励。

苦难，人生的珍贵财富

1856年，诺贝尔和两个哥哥被父亲带到了俄国管理工厂。到达目的地以后，父亲自己带上其他家人回国了。此后，诺贝尔的两个哥哥开始致力于企业的复兴，而诺贝尔则全力以赴地投入到他所喜爱的发明创造之中。

早在1847年，意大利的索布雷罗就发明了一种烈性炸药，叫硝化甘油。它的爆炸力是历史上任何炸药所不能比拟的。但是这种炸药极不安全，稍不留神，就会使操作人员粉身碎骨。于是，诺贝尔决心把这种烈性炸药改造成安全炸药。1862年的夏天，诺贝尔开始了对硝化甘油的研究。这是一个充满危险和牺牲的艰难历程，死亡时刻都在陪伴着他。

有一次，在炸药实验进行时发生了爆炸事故，实验室被炸得无影无踪了，诺贝尔的5个助手也都全部牺牲了，其中的一个就是他最小的弟弟。这一次令人震惊的爆炸事故，使得恐惧的邻居们纷纷向政府控告诺贝尔。于是，政府禁止诺贝尔在市内进行实验。诺贝尔的父亲也因为爆炸事故受到了十分沉重的打击，没过多久就去世了。

之后，诺贝尔便把实验室搬到了市郊区的湖中的一艘船上继续实验。经过很长时间的研究，他发现了雷酸汞是一种非常容易引起爆炸的物质。他便用这种容易引爆的物质作为炸药的引爆物，解决了炸药的引爆问题，成功地发明出了雷管。而这时候，正处于欧洲工业革命的高潮期。开发矿山、挖掘河道、修建铁路及开凿隧道，都需要大量的烈性炸药，硝化甘油炸药易爆问题的解决和雷管的问世受到了普遍的欢迎。这是诺贝尔在科学道路上的一次重大突破。

世界上第一座硝化甘油工厂由诺贝尔在瑞典建成了，随后他又在国外建立了生产炸药的合资公司。但是，因为这种炸药存放时间一长就会分解，强烈的震动也会引起爆炸，在运输和储藏的过程中，发生了许多事故。针对这些情况，瑞典和其他国家的政府都禁止任何人运输诺贝尔发明的炸药，并提出要追究诺贝尔的法律责任。面对重重考验，诺贝尔没有被吓倒。他一如既往地做实验，在他的反复研究下，发明了以硅藻土为吸收剂的安全炸药。这种安全炸药在火烧和锤击下，都表现出极大的安全性。人们完全解除了对诺贝尔炸药的疑虑，这使得诺贝尔再度获得了信誉，炸药工业也随之获得了很快的发展。

两年以后，诺贝尔在安全炸药研制成功的基础上，又研制出了一种以火药棉和硝化甘油混合的新型胶质炸药。这种新型炸药不仅有高度的爆炸力，而且更加安全，可以在热辊子间碾压，也可以在热气下压制成条绳状。诺贝尔在已经取得的这些成绩面前，并没有止步，而是投入了混合无烟火药的研制，并在不长的时间里，研制出了新型的无烟火药。

作为发明家、科学家，诺贝尔一生获得专利的发明就有255种，其中仅炸药就达129种。他的发明兴趣不仅限于炸药，他还研究过合成橡胶、人造丝，做过电话、电池、电灯零部件等方面的实验，还尝试合成宝石。与炸药的研究相比，尽管这些研究的成果不是很大，但是他丰富的想象力和不屈不挠的毅力，以及勇于探索的精神，给后人留下了深刻的印象。

古谚曰：“失败是成功之母，苦难乃人生财富。”面对人生挫折，人们无不希望变挫折为坦途，迎来人生辉煌。但要战胜挫折，关键在于人们对挫折认真总结，吸取教训，科学地调整自己，积极寻求战胜挫折的方法，发奋图强。这样挫折就会是“人生的良师”，引导你一步一步走向成功。

苦难是坚强者意志的磨刀石

他是美国微型软件公司（Microsoft，简称微软公司）的董事长。他曾在1996年和1997年，两度被评为美国最富有的企业家。他拥有很多个世界之最，是第一个白手起家，在短短20年内创造资产达139亿美元的奇才；他是有史以来最年轻的世界第一富翁，是人类历史上第一个靠电脑软件积累亿万财富的先行者。他就是最先利用高科技和高智商创造巨大财富的典范比尔·盖茨。

比尔·盖茨出生在美国华盛顿州西雅图的一个中产家庭。那时候，长着一头沙色头发的7岁男孩盖茨最喜欢没完没了地看那套《世界图书百科全书》。他经常几个小时地连续阅读这本几乎有他体重三分之一的大书，他一字一句地从头到尾看。在看书的过程中，盖茨常常会陷入沉思。冥冥之中他似乎强烈地感觉到，这些小小的文字和巨大的书本里面，蕴藏着一个神奇和魔幻般的世界。文字符号竟然能把前人和世界各地人们有趣的事情记录下来并且传播出去。盖茨想，人类历史将越来越长，那么以后的百科全书不是越来越大且重吗？要是有什么好办法，能包罗万象地把一大本百科全书都收进去，该有多方便。这个奇妙的想法像火花一样，照亮了盖茨的天空。后来他实现了这个奇妙的想法，所有的一切只需存入一块小小的芯片就可以。

盖茨看的书越来越多，想的问题也越来越多。他坚持写日记，随时记下自己的想法，小小的年纪常常如大人般地深思熟虑。他很早就感悟到人的生命来之不易，要十分珍惜。平时，任何功课和老师布置的作业，无论是演奏乐器，还是写作文，或者体育竞赛，盖茨都会倾其全力，花很多时间去出色地完成。

一次，老师给所有学生布置了一篇作文，要求 4 页的篇幅。结果，盖茨运用他知道的百科全书和其他医学、生理、心理方面的知识，洋洋洒洒地一口气写了 30 多页。这使老师和同学都十分惊讶。大家说，盖茨不管做什么事，总喜欢来个登峰造极，不然他是不会甘心的。

还有一次，暑假里，学校组织了一次 100 公里的徒步行军，时间是一个星期。盖茨穿了一双崭新的高筒靴，但新鞋不大合脚，每天徒步行军又是爬山，又是穿越森林，使他吃尽苦头。第一天晚上，盖茨的脚后跟磨破了皮，脚趾上起了许多水泡，他咬紧牙关，坚持走下去。第二天晚上，他的脚红肿得非常厉害，开裂的皮肤还流出了血。同伴们都劝盖茨停止前进，他却摇摇头，向随队的医生要了药棉和纱布包扎，就继续上路了。就这样，一直坚持到一个途中检查站，领队发现他的脚严重发炎，下令医治，他才中止了行军。妈妈从西雅图赶来，看到盖茨双脚溃烂的样子时，难过地哭了，而盖茨却遗憾这次没有到达行军的目的地。

1969 年，盖茨所在的学校开设电脑课程。当时还没有个人计算机，学校只有一台集资买来的终端机。这台终端机每天只能使用很短时间，每小时的费用也很高。盖茨像发现了新大陆一样，只要一有时间，便钻进计算机房去操作那台终端机，到了废寝忘食的地步。在 13 岁时，盖茨便独立编出了第一个电脑程序——可以在电脑屏幕上玩月球软着陆的游戏。

好景不长，过了半年，学校因没有钱支付昂贵的使用租金，而停开了电脑课。对电脑已经入迷的盖茨像失去了上学机会那么痛苦。于是，他和同学四处奔走，终于找到帮助一家电脑公司“抓臭虫”的机会。这样，他们就可以用除虫的报酬，来支付操作电脑的费用。“臭虫”是电脑行业里，人们称呼软件中的错误的代名词。因为一旦有了这种“臭虫”，就会使电脑导出错误结果或死机。美国发往金星的水手号火箭和法国阿利亚娜火箭，就曾因为电脑软件的“臭虫”故障而使发射失败，损失几亿美元。

每天晚上 6 点左右，在公司员工下班之后，盖茨便和几个同样爱好电脑的同学，骑自行车来到那里上班了。那里有许多台电传打字终端机和电脑软件可尽情研究，盖茨对电脑软件着迷了，他几乎整晚都待在那里。每个晚上，他都要在公司的记录本上，写下他和伙伴们发现的“电脑臭虫”。而这一段时间，盖茨在电脑硬件和软件方面，学到了许多书本上和学校里学不到的知识和技能，为自己打下了精深的基础。

1970 年，盖茨 15 岁时已远近闻名了。一家信息公司找到盖茨，愿意提供使用电脑的时间，来交换盖茨和他的同学的软件技术。因为按美国法律规定，不能给未成年人支付工资，所以他们获得了足够使用一学年的电脑时间。盖茨高兴万分。当时学校排课程表全靠人工，由于学生人数多，课程又复杂多样，人工排课常常分配不均，造成某些课程学生过度拥挤的现象。1971 年，盖茨帮学校设计了一套排课程表用的电脑软件。

1973 年，美国国防项目承包商公司要开发一套用于管理水库的电脑监督控制系统，可总是消灭不了各种“电脑臭虫”，进度缓慢。在马上要遭到违约处罚的紧急关头，这家公司得知盖茨是电脑天才，便向他和他的同学求援。这是一项很专业又很艰难的工作，但是盖茨并不担心。他最终使得那一家公司按时完成了项目，免受巨额罚款。而盖茨和他的同学则得到了该公司一位电脑专家的具体指导，两人的软件技术得到了提高。

后来，盖茨办起了电脑开发公司，跨过一个又一个艰难险阻，使他的微软公司开发出领导世界潮流的许多新型号电脑硬件、软件，使微软公司的产品风行全球。

苦难是坚强者意志的磨刀石，也是懦弱者自甘堕落的滑梯。自信可以唤起战胜挫折的勇气，调动自身全部的能量与挫折搏斗。信念不可动摇，在你与挫折的一次次较量中，自信就会激发无限潜能。而对某一事物无尽的痴迷和热爱，最终会开出光彩夺目的成功之花。

乌云过后就是晴天

被誉为“现代科幻小说之父”的儒勒·凡尔纳在年轻时也有过一段不如意的经历。

一个早晨，凡尔纳刚吃过早饭，突然听到一阵敲门声。凡尔纳开门一看原来是一个拿着一包鼓鼓囊囊的邮件的邮递员。一看到这样的邮件，凡尔纳就预感到不妙。自从几个月前他完成了自己的第一本科幻小说《气球上的五星期》后，他已经先后收到了14封各大出版社的退稿信。

凡尔纳怀着忐忑不安的心情拆开了自己的邮件。果然，这是第15封退稿信。上面写道：“凡尔纳先生，尊稿经我们审读后，不拟出版，特此奉还。××出版社。”每看到这样一封退稿信，凡尔纳心里都是一阵绞痛。凡尔纳此时已明白，自己在出版界只是一个无名小卒，那些出版社的“老爷”们是如此看不起无名作者。他愤怒地发誓，从此再也不写了。

愤怒的凡尔纳准备将自己辛辛苦苦几个月才写成的手稿付之一炬。凡尔纳的妻子赶过来，一把抢过手稿紧紧抱在胸前。此时的凡尔纳余怒未息，说什么也要把稿子烧掉。他妻子满怀关切地安慰丈夫：“亲爱的，不要灰心，再试一次吧，也许这次能交上好运呢。”

听了这句话以后，凡尔纳抢夺手稿的手慢慢放下了。他沉默了好一会儿，决定接受妻子的劝告，抱起这一大包手稿到第 16 家出版社去碰碰运气。这次，凡尔纳终于没再收到退稿信，这家出版社立即决定出版此书，并与凡尔纳签订了 20 年的出书合同，鼓励凡尔纳继续写作下去。自此之后，凡尔纳终于走上了使自己成为一代文豪的成功之路。

凡尔纳的故事告诉我们：太阳落了还会升起，乌云过后就是晴天，不幸的日子总有尽头，过去是这样，将来也是这样。在许多人频频遭遇失败的时候，那些怀有必胜信念的人成功了。他们应该成功。永不放弃的人总会成功，对他们来说，成功就像第二天早上的太阳一定能升起一样肯定！

豁达地直面人生

从前有一个船夫，他的工作就是在一条河上摆渡，把来往的行人送到河对岸去。这一天，船夫正在划船，忽然看到有人在河边投水了。船夫很快跳下水把人救上船，发现跳水自尽的是一个少妇。

船夫把少妇救上岸之后，少妇哭哭啼啼地还要自尽，于是船夫就问她：“你为什么要自尽啊？”

少妇向船夫哭诉道：“两年前我嫁了人，开始的时候我丈夫对我还挺好，我们也很恩爱，有了一个很可爱的孩子，可是后来他喜欢上了别人，还抛下我和孩子，和别人一起跑了。我含辛茹苦地拉扯孩子，可是前两天我的孩子居然得了疾病。我带着他四处求医，可是还是没有治好他。他就这么去了，只有一岁多啊。我可怎么办呢？我现在没有丈夫，就连唯一的孩子也没有了，怎么办啊？你为什么要救我？你还是让我死了的好！呜呜呜……”

船夫也觉得这个少妇的遭遇很悲惨，于是打算开导开导她，让她有勇气继续活下去。忽然，船夫灵机一动，对少妇说：“两年前的时候，你在干什么呢？”

少妇愣了一下，然后说道：“我那个时候还在家里，和爸爸妈妈、哥哥姐姐、弟弟妹妹生活在一起，虽然家里的收入不多，但是我们一家人过得很开心。”

船夫又问：“那个时候你认识你的丈夫吗？”

少妇回答说：“不认识，那个时候，我们还没有见过面，我还不认识他。”

船夫继续问道：“那个时候，你有儿子吗？”

少妇脸红了，气愤地说：“我那时候还没有结婚呢！怎么可能会有孩子呢？我可不是那种女人！”

听了少妇的回答以后，船夫哈哈大笑，然后说道：“既然两年前你既没有丈夫也没有儿子，那么现在也不过是回到两年前而已啊！想想吧，那个时候你是多么的开心。你就只当成是一下子回到了两年前不就好了吗？”

少妇听了以后止住了哭泣，也没有了寻死的想法，她安心地想道：“其实真的没有什么可伤心的，只不过是回到从前而已！”于是，船夫把少妇送到岸边。少妇拜谢了船夫的救命之恩，回到了娘家，开始了自己新的生活。

那个船夫是个很聪明的人，他用乐观的心态去引导少妇，让她往好的方面想，让她明白自己的处境并不是很糟糕，从而使其有了活下去的信心。而在现实中，我们在生活中也常常会遇到一些困难，但有些人就是会像那个少妇一样钻牛角尖，想不开，最后走上绝路。但事实上，只要我们每天快乐多一点，豁达地面对人生，我们就会发现，就算是再大的挫折和失败，也只不过是让我们回到从前而已。

不要在意一次失利与伤痕

有一个叫比丘的年轻人，从很小的时候起，他就有一个梦想。他希望自己能够成为一名出色的赛车手。比丘在军队服役的时候，曾开过卡车，这对他培养熟练驾驶技术，起到了很大的帮助。比丘退役之后，他选择到一家农场里开车。在工作之余，他一直坚持参加一支业余赛车队的技能训练。只要遇到车赛，他就会想尽一切办法参加。但是，往往因为得不到好的名次，他在赛车上的收入几乎为零，这使得他欠下一笔数目不小的债务。

有一年，比丘参加了康星州的赛车比赛。当赛程进行到一半的时候，他的赛车位列第四，看来他有很大的希望在这次比赛中获得好的名次。就在比丘暗暗为自己加油的时候，突然，他前面那两辆赛车发生了相撞事故。他迅速地转动赛车的方向盘，试图避开他们，但终究因为车速太快而未能成功。结果，他的赛车撞到车道旁的墙壁上，赛车在燃烧中停了下来。

当比丘被救出来时，手已经被烧焦了，鼻子也塌陷了，他的体表烧伤面积达48%。医生给他做了9个小时的手术之后，才把他从死神的手中夺了回来。

经历了这一次事故后，尽管比丘的性命保住了，可他的手萎缩得像鸡爪一样。医生告诉他，他以后再也不能开车了。然而，比丘告诉自己不能因此而灰心绝望。为了实现自己的梦想，比丘决心要为成功付出代价。他接受了一系列植皮手术，为了恢复手指的灵活性，他每天都不停地练习用残余部分去抓木条。有时候，疼痛使得比丘浑身大汗淋漓，而他仍然咬牙坚持着。比丘始终坚信，伤痕会成为历史，自己可以再继续开车。

在做完最后一次手术之后，比丘回到了农场，他用开推土机的办法，使自己的手掌重新磨出老茧，并继续练习赛车。就这样，9 个月之后，他又重返了赛场！比丘首先参加了一场公益性的赛车比赛，因为车在中途意外地熄了火，他没有获胜。不过，在随后的一次全程 200 英里的汽车比赛中，比丘取得了第二名的成绩。

半年后，依然是那个老赛场，在那个差点置比丘于死地的事故地点，比丘满怀信心地驾车驶入了赛场。现场所有的人都为这个传奇的赛车手呐喊。经过一番激烈的角逐，比丘最终赢得了 250 英里比赛的冠军。当比丘第一次以冠军的身份面对热情而疯狂的观众时，他流下了激动的眼泪。

能够尽快将挫折变为历史的人，就能尽快获得新生，能够从沉沦中猛醒的人，才能始终向着自己人生路上的目标前进，只要你相信：乌云遮不住太阳，明天会更加灿烂。

绝境中寻找希望

第二次世界大战中，一架美军飞机由于机械故障迫降在太平洋上，机上 4 名飞行员乘坐一艘充气的救生筏逃生。在经历了死里逃生的短暂兴奋后，他们陷入了新的困境中。随身携带的食物和水最多只能支撑一周，更要命的是，他们没有指南针，没有地图。谁都知道这在漫无边际的太平洋上，意味着什么。

有限的食物和水很快用完了，求生的本能迫使他们想出各种办法，以应对所面临的威胁。没有食物，他们钓鱼充饥；没有水，收集雨水解渴。就这样，靠着这种最原始的生存方式，大家苦撑着，他们在海上漂流了半个月。

时间一天天过去，他们面前依然是无边无际的海水，获救的希望越来越渺茫。这时，两名飞行员猛然间发现一名同伴在用手指蘸着海水品尝，并且每隔一段时间就尝上一两口。“可怜的埃里克，如果你实在渴得受不了的话，这里还有一点儿水。”一个同伴有气无力地说。埃里克淡淡一笑说：“不，我在试着寻找希望。”同伴无力地点点头，大家已经没有力气去讨论了。

又是几天过去了，奇迹还是没出现。无边无际的海水无情地吞噬着他们求生的信念，大家被折磨得越来越虚弱。同伴们对获救已不抱任何幻想，他们显得很平静，慢慢地等待着死神的降临。只有埃里克一边鼓励大家，一边倔强地重复着那件似乎毫无意义的事。

有一天，不知道在尝了多少次海水之后，埃里克忽然兴奋地大叫起来：“我们有救了，我们不会死的，我们在向陆地靠近。”“埃里克，你是不是在说梦话！”“不，他已经疯掉了！”同伴同情地看着他。“不不，我没疯，我很清醒。”埃里克激动地说，“从昨天开始，我发现海水的味道没有以往那样咸了，现在这里的咸味更淡了，这是河水把它冲淡的缘故。伙计们，我们有救了，附近就是陆地！”

埃里克的话给大家带来了莫大的希望和鼓舞，终于，一路尝着海水，他们在 3 天后到达了大河的入海口。凭着不屈的抗争，他们得救了。

身处绝境，我们需要做的不是认命，而是在绝望的边缘顽强地寻觅那一线生机。事实上，没有身处绝境的人，只有身处绝境的心！在绝境中只要你肯尝试，就会看到希望的火花！

为自己负起责任来

很多年前，一个人因为信任朋友，借给朋友 1800 万元。他的这位多年深交的好友是生意人，事业做得很大，住豪宅，出入有名车。可没想到的是，两个月后，这位“好朋友”从人间消失了，完全找不到讯息，听说为了躲债跑到欧洲去了。而他借出去的1800万元瞬时成了收不回的死债。更让人发愁的是，在这个庞大数字里，其中有800万元是这个人向其他朋友借来的。

事情发生之后，他开始变得很消沉，觉得人生没有希望了。他开始封闭自己，不与人交往，心中充满了怨与恨。直到他听了一场演讲，这场演讲中的一个故事彻底改变了他的观念及接下来的人生际遇。

故事的内容是，有一个人要开车回家，车子行驶在高速公路上，紧跟在一部货车的后面。货车上载满了重物，不幸的是，车顶上固定货物的绳子并没有绑牢，货物瞬时落了下来，就在那紧张的分秒间发生了车祸。

这个人双脚因此断掉，人生的后半辈子将在轮椅上度过，他充满了怨恨。后来这个人的老师来看他，希望他能从痛苦中解脱出来，于是问了他几个问题。

老师说：“是谁选择开车上路的?”

“是我。”

“是谁选择在这个时间回家?”

“是我。”

“回家的路有那么多条，是谁选择走这条路?”

“是我。”

“高速公路上的车子这么多，是谁选择跟在这部车的后面?”

年轻人低着头，若有所思地回答说：“还是我。”

老师继续说道：“货物没有绑好，可能会落下来，这是已存在的事实，无论如何砸下来的结果是一定会发生的。如果没有砸到你，也可能会砸到别人。但此刻的结果是谁让它发生的呢？如果你不是选择在这个时间上路，你不是选择走这条路，你不是选择跟在这部车的后面，甚至没有保持足够的安全距离，那么即使货物掉下来，也没有人会受伤，不是吗？所以，你认为你究竟该不该负责任呢?”

故事中的这些对话深深地敲击着这个人过去这段灰暗的时光。是的！是他自己决定要借出这1800万元，而不是180万元或1.8万元。

他想通了，决定扛起一切责任。而就在那一刻，所有的怨恨都不见了。他理了头发，买了一套新西装，重新开始为事业打拼。他变得比以前更努力也更谨慎了。后来他不仅在短时间内偿还了债务，并且重新为自己的工作找到定位，现在他已是一家知名的建设公司的董事长。

没有人一生都是一帆风顺的，每个人多多少少都会遭逢一些艰难险阻，会“被挫折上一堂课”。你可以选择怪罪别人、诅咒老天爷不公平，但这些都不能改变事实。而若能从这些挫败中吸取教训，为自己负起责任来，那么这堂“课”不管代价有多大，都是值得的。

跌倒了再爬起来

一个小伙子今年已经18岁了，按说应该已经成为了一个真正的男子汉了，但是他的父亲却非常担心他，因为他身材瘦弱，说话轻声细语，举止文静，看上去就像是一个女孩子，一点儿没有男子汉气概。

为了让儿子变得更阳刚一点儿，父亲不断地带儿子参加各种剧烈的体育运动，甚至去玩一些刺激的极限运动，但是儿子看上去没有丝毫改变。父亲苦恼不已。后来，他决定把儿子送去学习空手道。这样激烈的对打一定能够激发起儿子求胜的豪情，让儿子变成一个真正的男子汉。他找到教练，把自己的意图告诉了教练。

教练拍拍胸脯保证说："放心吧，把孩子留在这里，只要三个月，你就一定能够看到他的变化，我保证让他成为一个真正的男子汉。但是，你要保证，在这段时间里，你不能来看他，哪怕你再想他也必须要忍着，更不能因为怕他吃苦而接他走。"

父亲回答说："没问题，这孩子从小被我惯坏了，我就是想让他多吃些苦。"

三个月的时间转眼即过，毕竟父子情深，说不心疼是不可能的，在到日子的那一天，父亲一大早就来到了训练馆里。教练为了让这位父亲看出儿子的转变，特意安排儿子和另一个学员进行比赛，让父亲在台下观战。

儿子的对手是一个身材高大强壮的年轻人，那个强壮的年轻人非常厉害，只是随意地出了一拳，儿子立马就被打倒在地。虽然倒下去之后，儿子很快再次站了起来，但他马上又被打倒了。一次又一次，他站起来再倒下去，父亲实在看不下去了，于是就喊了停。

教练问那位父亲："你觉得你的儿子表现怎么样？"

父亲皱皱眉头，回答说："恕我直言，我认为您食言了。整整三个月了，我以为这种激烈的运动能够让他变成一个真正的男子汉。可是，看到他的表现，我简直羞愧死了。想不到他这么软弱，简直一触即溃。"

教练摇摇头说："你错了，你认为什么才是真正的男子汉？难道能把别人打倒就是真正的男子汉吗？不是！你只看到了表面的胜负，却没有看到他每次被打倒后就立即站起来的勇气和毅力吗？这才是真正的男子汉气概啊。"

教练说得多好，跌倒了再爬起来，这就是真正的男子汉。在现实中，我们不是这个世界上的最强者，我们可以输，可以败，但却不能服软，不能在倒下之后爬不起来。事实上，站起来的次数永远比跌倒的次数多一次，这就是成功。

生命永远不会贬值

一天，美国一位极有影响力的演说家在自己的演讲中做了这么一件事：

演说开始时，演说家高举着一张20美元的钞票，然后问现场的听众：“大家谁想要这20美元？”大家虽然不明白演说家想要表达什么，但还是踊跃举手表示他们想要这20美元。

然后，演说家将这20美元揉成一团，问：“现在还有人想要这20美元吗？”听众们仍然纷纷表示想要。

再然后，演说家把这20美元摊开放在地上，用脚死死地踩住，问：“现在还有人想要这20美元吗？”不出意外，听众们的答案依然是想要。

最后，演说家把这20美元撕成两半，然后问：“这回你们还想要吗？”大家仍表示愿意要这20美元。

在这一刻，现场的气氛已经达到了顶峰，所有人都想知道演说家到底想要表达的是什么。于是，这个演说家开始了他的演讲：关于人生的价值。他告诉人们，我们自己就像那张20美元的纸币一样，或许有的时候会被人揉成一团，有的时候会被人踩在脚下，甚至有的时候会被别人撕成两半，但是我们并不会因此而贬值，我们还是我们自己。

在生活中，永远都要记住，我们就像那张20美元的纸币一样，哪怕被撕破了，我们也还是我们自己，因为生命永远不会贬值。既然如此，我们为什么要为现在一时的困难而沮丧呢，我们为什么要为现在的处境而灰心丧气呢？我们总会有成功的那一天的！因此，我们可以带着一颗平和的心去面对生活，面对以后的一切挑战！

审时度势，跟着变化而变

周五的下午，公司下达通知，要进行一次裁员。大家都在抱怨，这个消息让人难以愉快地度过周末。不过，在吉姆看来，公司裁员行动应该是和自己没有关系的。5 年来，吉姆一直都是公司财务部的总监，过硬的专业知识和超强的能力使他一直很受董事长的赏识。

不过，这一次，情况好像没有吉姆想象得那么简单。晚上，董事长竟然打电话给他，要他到自己家里去一趟。这次，董事长带给吉姆的可谓是一个坏消息。董事长要求吉姆考虑一下目前公司的形势，是不是可以先到分公司的财务部工作。这个要求被吉姆当场拒绝了，吉姆和董事长不欢而散。临出门的时候，董事长还在后面诚恳地说："你还是再考虑考虑，考虑好了再给我一个明确的答复。"

"不用了，肯定是不行的。"吉姆头也不回地对董事长说。

几天后，公司裁员的名单下来了，随着裁员名单一起下发的，还有公司内部机构调整的名单。虽然遭到了吉姆的拒绝，不过董事长还是把吉姆的位置放在了分公司的财务部。

"能不能给我个理由?"吉姆拿着调令找到了董事长。

"这是董事会的决定，"董事长站起来摊开双手对吉姆说，"我想你还是先做一段时间，然后……"没等董事长说完，吉姆就把调令放在了董事长的办公桌上，然后对董事长说："不用再说了，我下午会把辞职信交上来的!"

吉姆交辞职信的时候，董事长神色有些黯然："你不能再考虑一下吗?"董事长诚恳地说。然而，吉姆坚定地摇头。

"那么好吧，"董事长的语气非常无奈，"晚上你到我家去，我为你饯行吧！"

来之前，吉姆打定主意，饯行是饯行，绝对不牵涉到公司内部调整的话题。只要董事长将谈话转到这方面，那么，自己马上站起来告辞。

董事长为吉姆准备了很丰盛的宴席。整个晚上，奇怪的是，董事长没有再规劝吉姆的意思。吃完饭后，董事长对吉姆说："时间还早，跟我一起看部片子吧，好久没有看电影了。"吉姆看看董事长，答应了下来。

董事长播放的电影是一部科学纪录片，描述的是在侏罗纪时代，地球上的种种生物，包括恐龙、鳄鱼、蜥蜴、变色龙等爬行动物。吉姆实在想不出来，这有什么好看的，不过既然答应了董事长也只能勉强看完。影片是随着恐龙的灭绝而结束的。

吉姆站起来要走的时候，董事长忽然说了句奇怪的话："那么庞大的恐龙灭绝了，而小小的变色龙却繁衍生息到现在。适者生存，而不是强者生存啊！"回家的路上，吉姆在心里回味着董事长的这句话，虽然是对影片而发的，但隐隐约约中，吉姆感觉到似乎和自己有什么关系。难道，自己就是职场上的那只恐龙？

公司里有很多人都奇怪为什么固执的吉姆会改变自己的决定，拿到调令后，吉姆去分公司的财务部报到了，而且不带一点情绪，工作得很认真。

半年之后，公司恢复了吉姆的职务。原来，内部调整和裁员，是因为公司那时在市场上遭遇了同类产品的强烈竞争，所以公司只好通过内部调整和裁员来渡过难关。而吉姆因为在分公司财务部期间，发现了不少以前没有发现的问题，后来他的财务总监工作做得更加得心应手了。

只要我们还活着，就必然要面对生存的问题，而生存则要求你必须成为适者。在任何年代，适者都是在生存的选择、计划和行动中，善于随机应变的英雄。因为适应的实质就是审时度势，跟着变化而变。

跨越艰险，还需要智慧

有一个老年行人匆匆赶路，在路上他遇到了很多同行者，大家一起在漫长的跋涉中，同宿同行。

他们都希望以最快捷的方式实现自己的梦想，到达梦寐以求的终点。所以，大家选择了一条通往终点的捷径。充满信心的行人们开始还算顺利，但当他们走到还有三分之一路程的地方时，有一条大河挡住了他们的去路。河水波涛汹涌，无法逾越。

行人们在河边观望了很久之后，纷纷叹息各自散去，有的人希望找到新的路径绕过这道天然屏障，有的人则顺原路返回。到了最后，河边只剩下老年行人和另外两个年轻人。

第一天，一个年轻人仔细观察河水，他先扔下几块石头试试水的深浅，又扔下几根树枝看看水的流速，然后选择了一个非常合适的地方，脱了衣服，勇敢地跳了下去。河面很宽，但他最终还是游了过去，到达了彼岸。他骄傲地挥动着自己的拳头。第二个年轻人在河边徘徊着、思考着，显然他不敢像第一个人那样游过去。

第二天，另外那个年轻人很快走进远处的树林里，他砍伐树木，制作了一个小木筏。他将木筏放到了水里，跳了上去。虽然河水很急，木筏在河中剧烈震荡充满危险，但这个勇敢的人也到达了彼岸。

现在，只剩下老年行人了。他显得非常瘦弱，既不会游泳，也没有力气去山里砍伐树木。何况，已经时值冬日，如果一不小心掉进河里，他不被淹死也会被冻死的。两天过去了，老年人仍然徘徊在岸边。但他知道，也许这里是到达终点的唯一出路。他望着这条似乎不可逾越的河，观察着满天的星斗，坐在岸边，思考了很久。最终，他决定先在岸边找一个地方安顿下来。

日复一日，天气越来越冷，老年人静静地等待着机会的来临。终于，10天后，宽阔的河面结起了厚厚的冰，天堑变成了通途。老年人抖擞精神，没有费太大的力气和时间，就成功地到达了大河的对岸。

每个人都想到达目的地，而每个人的实际情况都是不同的。同样的路程，智者凭其智，能者凭其能，他们都找到了通往彼岸的捷径，而平庸者只能仰天长叹，怨天尤人。也许，跨越艰险不仅仅是找路，因为这路有时候是方法，有时候是能力，有时候就是智慧。

勇敢面对灾难

丽莎一家人住在美国南部的一个小镇子上。那一天阳光明媚，天空湛蓝，一切像往常一样的平淡。下午6点钟，一切似乎都和往常一样，孩子已放学回家了，丽莎在准备晚饭。丽莎喜欢一边准备晚饭一边看电视，正在做饭时，电视台发布了天气警报，“强阵雨即将来临，局部会发生龙卷风”。这个警报在新闻刚开始就连续插播了3次，虽然自己家正处在警报中提及的地区，可是，丽莎并不担忧，房子上安装有避雷针，至于龙卷风，那似乎是很遥远的事情。

正在这时，迈克推开门回来了。丽莎抬头打招呼，迎接丈夫，顺口向丈夫说了电视上的天气警报。迈克看看外面，用专家似的口吻分析说，预报只不过意味着这种天气状况有可能形成龙卷风，而不是说龙卷风必然会形成。然而，一家人做梦也未想到的是，一场可怕的灾难正在向他们逼近。

一家人刚刚坐在餐桌旁，就听到新闻主持人用严肃的语调说："请观众朋友注意，本地气象员有紧急情况要通报。"接着，气象员解释道，风暴正在丽莎家的这个地区的上空形成，而这时候，丽莎看到了不间断的闪电。突然，电视"嘟嘟"地响起来，刚刚继续播放的新闻重新切换到了气象节目，气象员的声音紧张而急促："龙卷风已在本拉达姆镇附近被看到，假如您处于龙卷风经过的地带，请立即寻找安全地方藏身，地下室是最安全之处，尽可能躲在靠北的水泥墙边。如没有地下室，请立即下到一楼的内室，并用棉絮、毛毯、枕头等物品保护自己……"

丽莎的心突突地跳了起来，迈克二话没说放下碗筷，抱起孩子，大声说道："赶快到地下室去。""快点！"迈克已拉开了地下室的铁盖子，站在楼梯处朝丽莎喊道。就在迈克说话的当儿，外面传来越来越强、越来越近的呼啸声，宛如一只巨兽在窗户外咆哮吼叫。丽莎冲向后门，试图将门关上。她刚冲到门口，就见外面天昏地暗，飞沙走石，一些鹅卵石般大小的东西向房子袭击而来，丽莎揉揉眼睛，看清楚了那是冰雹。"我必须将这个门关住！"丽莎自言自语着，然后使劲地去推门，可那直冲而进的风暴似有千钧之力，如巨龙般的黑灰色怪物不断滚动着，飞速旋转着朝丽莎扑来，它看起来似乎要将所有挡在它道上的东西全部卷入云霄。整个天空已变成了一种可怕的黄绿色，丽莎的头发被气流吸得根根竖起。就在这危急关头，迈克一个箭步上前，与丽莎齐力将门抵住，并拴上了门闩。迈克抓起丽莎的臂膀，将丽莎连拖带拉地抱进了地下室。

就在进入地下室的瞬间，一种此生从未听过的声音使丽莎的整个脊梁骨都禁不住颤抖起来。迈克牢牢地盖上了地下室的盖子，守在楼梯口。丽莎用毯子和枕头保护住了自己和孩子的头，此刻，风声越来越响，尽管在地下室里，丽莎仍感到整个房子在震动，那种地动山摇的感觉令人毛骨悚然。突然，一声恐怖的巨响从地面传来，紧接着，木头的断裂声、玻璃的破碎声和金属的碰撞声响成了一片。

就在大家感到惊恐之时，丽莎听到迈克大叫一声："危险！"抬头一看，只见迈克紧紧地抓着地下室的金属盖，地面上猛烈的气旋正以它巨大的吸力将盖子朝上拉。丽莎知道，一旦盖子被掀开，全家都有可能被龙卷风从地下室里卷走。丽莎不顾一切地冲上去，拼命抱住丈夫的下半身。一股强大的力量将他们朝上拉，他们拼尽全力挺住……

转瞬之间，死一般的寂静代替了先前的巨响。迈克上去想看个究竟，过了好一会儿，没见他下来，丽莎不禁担心起来，正在这时候，迈克伸下来两只手喊道："上来吧，小心点。"当丽莎来到地面时，她和周围的每一个人一样惊呆了。自己住的楼房已经没有了，四处散落着破碎的碗碟和家具，一切都宛如一个横行霸道的巨兽刚在这里进行过一场肆无忌惮的破坏。

"哦，看看我们的房子！"丽莎喃喃道。迈克用双臂拥着丽莎和孩子，轻轻地说道："房子可以再修，重要的是我们还活着，这比什么都幸福。"仅仅几分钟后，天空又一片湛蓝，夕阳照耀在遭受浩劫的废墟上。不久，丽莎听说了更加可怕的消息，在龙卷风经过的地方，有几百个人受伤，还有几十人死亡和失踪。同时，丽莎一家也得到了来自各地的救助。他们相信，很快，一家人就可以像以前一样幸福地生活了。

自然灾害对人类造成的危害，往往是那么的触目惊心。在灾难来临的时候，勇敢而从容地面对，始终不放弃生的勇气，万众一心，众志成城，团结的意志一样可以胜"天"。